El BOTIQUÍN *de la* BRUJA

KEYLAH MISSEN

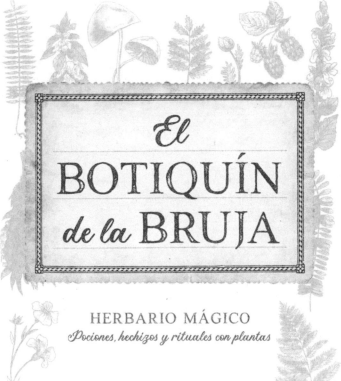

El BOTIQUÍN de la BRUJA

HERBARIO MÁGICO
Pociones, hechizos y rituales con plantas

KEPLER

Argentina – Chile – Colombia – España
Estados Unidos – México – Perú – Uruguay

*Cuando tengo necesidad de recrearme a mí mismo,
me voy en busca de la selva más oscura, el pantano
más tupido e impenetrable: aquí reside la fuerza,
la quintaesencia de la Naturaleza... la amplia, salvaje,
terrible madre de todos nosotros: la Naturaleza.*

HENRY DAVID THOREAU

Las plantas parecen haber sido sembradas con profusión sobre la Tierra, como las estrellas en el Cielo, para invitar al hombre mediante el acicate del placer y de la curiosidad, al estudio de la naturaleza.

JEAN-JACQUES ROUSSEAU

Naturaleza es lo que vemos: la colina, el poniente,
la ardilla, el eclipse, el abejorro...
No, naturaleza es el cielo.
Naturaleza es lo que oímos, el tordo charlatán,
el mar, el trueno, el grillo...
No, naturaleza es la armonía.
Naturaleza es lo que sabemos,
aunque no tenemos arte para decirlo,
tan impotente es nuestra sabiduría
para tanta simplicidad.

EMILY DICKINSON

ÍNDICE

Introducción: La magia natural........................ 15

Curanderas y chamanas. Un poco de historia sobre
brujas y mujeres sabias 21

Brujas, sabias y chamanas............................ 35

La magia de las plantas 43

    El alma verde..................................... 47

    Principios activos................................. 56

    Conceptos prácticos............................... 61

La salud de tu familia en tus manos..................... 73

Tu grimorio de belleza 91

Un caldero en tu cocina 105

Un hogar verde..127

    Limpia y energiza tu hogar 133

    Tu casa, tu templo................................145

    Nuestro propio rincón feérico 154

    Cultiva, recoge y almacena tus propias plantas mágicas...164

La rueda del año.......................................187

Hechizos y rituales con plantas 201

Una planta para cada propósito 219

La magia de los árboles................................235

El lenguaje de los árboles 241

Epílogo: La bruja verde en tu interior 251

Bibliografía 253

INTRODUCCIÓN: LA MAGIA NATURAL

La naturaleza salvaje contiene las respuestas a preguntas que el hombre no ha aprendido a hacer.

Nancy Newhall

Cuando hablamos de magia natural, hablamos de esencia. La magia es la manera que tenemos de interactuar con la naturaleza, con nuestro entorno y, también, con nuestra realidad interior; con aquello que da forma a lo que entendemos por *mundo*, ese pequeño lugar —sin referirme a espacio físico, sino mental y emocional— en el que reside nuestra tribu —personas, animales, plantas y seres espirituales— que conforman nuestro hogar y centro.

El mundo en el que vivimos es una realidad que creamos nosotras día a día. Construimos ese exterior desde nuestro universo interior, a través de la información que recibe nuestro cerebro mediante los sentidos, pero también por todo aquello que aprendemos desde niñas —recuerdos y experiencias— y del escenario que forma nuestro lenguaje.

Tu vida es lo que vives, por tanto, es lo que sientes, lo que ves, lo que experimentas y lo que te cuentan, ya sea en forma de vivencias relatadas, de lecturas, de cine…, toda esta información la incorporas a tu realidad.

Así pues, como dice la ley del mentalismo —primera ley del *Kybalion*—, y también investigaciones científicas actuales que aseguran que es nuestra interpretación y estructuración de *inputs* lo que da forma a lo que vemos y vivimos, tú creas la realidad que te rodea y, por tanto, puedes dirigirla.

Y eso es la magia.

De nuestros sentidos, el primero en ofrecernos información de nuestro entorno es el olfato. Ese es el motivo de que este nos transporte, de que percibir un aroma nos devuelva a momentos, lugares y personas que ya no están aquí, como en un viaje en el espacio y el tiempo. Y en esa capacidad del olfato reside uno de los grandes poderes del reino vegetal: hacernos viajar y sanar —física, espiritual, emocional y psicológicamente— gracias a las conexiones directas con nuestro cerebro y sistema nervioso, así como con nuestros campos energéticos.

Ya lo dice el folclore, las leyendas, los mitos y los cuentos maravillosos: las plantas son mágicas. Entre la vegetación viven duendes, hadas y todo tipo de espíritus. Las brujas, las curanderas, las chamanas y sacerdotisas —incluso las diosas— se sirven de ellas para preparar sus remedios, sus pociones y rituales.

La superstición —creencias que rodean el mundo tradicional de la curación y magia mediante plantas— se conforma de conocimientos mal vistos desde que las religiones patriarcales se impusieron sobre las sociedades animistas y matriarcales. Pero la palabra *superstición* no debería asustarnos pues, pese a que la era de la razón tachó de ilógicas estas creencias —que con el tiempo se contaminaron por el espíritu de la época—, etimológicamente, *super-* viene del latín y significa 'por encima de' o también 'antes de'. Así pues, podría decirse que las supersticiones son aquellas creencias previas a las religiones predominantes, aquella sabiduría arcana que podemos hallar disfrazada en los cuentos de hadas; es el conocimiento de las mujeres sabias que fueron condenadas por falsos pactos con el demonio, simplemente por aliviar dolores y enfermedades con remedios naturales o asistir a otras mujeres como parteras.

Este es uno de los motivos, queridas lectoras, de que os trate en femenino. Así como en *Manual de Magia Moderna* os hablo en genérico —como mágicos— y en *Magia Lunar* en femenino —por el carácter de nuestra hermana celeste—, en este volumen me dirigiré principalmente a vosotras como en el anterior, como reivindicación a todas las mujeres sabias que sanaban los males de su vecindario y tuvieron que sufrir las consecuencias de vivir en un mundo donde, por nacer mujer, ya estaban señaladas y condenadas; por todas esas científicas, investigadoras, exploradoras y creadoras a las que no se les ha reconocido su trabajo y logros.

El mundo moderno intenta decirnos que somos seres racionales y alejados de la naturaleza, pero no nos engañemos, más allá de nuestro «yo individual», somos parte de la Tierra y del universo, del mismo modo que ambos son parte de nosotras. Dependemos de los mismos compuestos químicos que forman nuestro planeta y de la energía que nos llega desde los astros. Esta conexión arquetípica, simbolizada por la Madre Tierra, procede de un conocimiento arcano que nos habla de la interdependencia que existe entre el planeta y aquellos que lo habitamos.

Los seres humanos, como seres naturales que somos, estamos sujetos a ciclos. Nuestros ritmos circadianos —las oscilaciones en la fisiología y el metabolismo que se suceden a lo largo del día y de la noche, y que evolucionan como respuesta a los cambios naturales— están bloqueados por la vida moderna y lo que esta nos exige. Nuestro organismo necesita un equilibrio y la mayoría de las enfermedades son una ruptura de esa estructura que debería fluir con las estaciones y las horas de luz natural. Necesitamos andar y ver la luz del sol, respirar naturaleza, sin importar que haga frío o calor.

Las plantas —con su alma y espíritus vinculados— son organismos completos que forman parte de ese todo en el que estamos incluidos y, por lo tanto, estamos interconectados con ellas. Aunque la medicina moderna y sus medicamentos provengan de las propiedades sintetizadas de las plantas, estas no se encasillan en una sola capacidad, sino que poseen un carácter complementario capaz de ayudarnos en múltiples situaciones, como un todo holístico.

A veces buscamos un hechizo espectacular, una técnica maravillosa con elementos exóticos y preparaciones complicadísimas que solucionen todos nuestros problemas. Sin embargo, la realidad es que funcionamos a partir de pequeñas cosas, gestos a veces imperceptibles. Pasos que, día a día, forman nuestro camino. Y, si bien parece sencillo, la dificultad radica en saber orientarnos y dirigir ese sendero que abrimos en la espesura diaria. Como decía, somos seres interconectados con nuestro entorno. No vivimos aisladas, sino que estamos en constante interacción con todo lo que nos rodea —lo veamos activamente o no—.

La comprensión arcana de la naturaleza —la de las mujeres sabias, llamadas «curanderas»— estaba vinculada a los ciclos naturales y lunares, así como a la música del cosmos. Nuestra intuición mágica está enraizada con nuestro entorno inmediato, con nuestra tierra. Dicho de otro modo: la magia natural está conectada con aquello con lo que interactúas —animales, plantas, leyendas y recuerdos—.

La energía de las plantas y sus espíritus feéricos responden a la energía de aquellos que los frecuentan, de los individuos que fueron niños que jugaban a su alrededor y descansaban a su sombra. De ahí que, para hacer magia natural —magia con plantas—, uno de los primeros puntos para tener en cuenta es que debe partir de ti y de tu mundo.

Por este motivo, en este libro no haremos una disertación botánica ni tan siquiera nos sumergiremos de lleno en el mundo de la fitoterapia, sino que trabajaremos desde la intuición y la interconexión con plantas comunes que la mayoría conocemos, invitándote a explorar tu hábitat y la vegetación de tu universo personal.

Muchas de nosotras vivimos en entornos edificados que parecen ajenos a la naturaleza, aunque, si nos fijamos bien, veremos plantas creciendo en tejados, entre baldosas y fracturas del suelo, en los huecos de los árboles y en los márgenes de las carreteras. La flora urbana está ahí, plantas silvestres que crecen de modo natural y sin intervención humana, embelleciendo nuestro entorno, integrándose de tal modo que, en ocasiones, no nos damos cuenta de su presencia.

Este humilde manual de magia natural es un viaje orgánico, resultado de sus hermanos: *Manual de Magia Moderna* y *Magia Lunar*. En ambos títulos encontrarás conocimientos sobre plantas y la magia unida a ellas. De hecho, parte de esa información aparece recopilada en este volumen; de todos modos, te invito, si no lo has hecho todavía, a que te sumerjas de lleno en ambos títulos, puesto que trabajan partes distintas de la sabiduría mágica que, a su vez, son un todo. En *Magia Lunar* aprenderás la manera de conjurar y aliarte con las vibraciones de nuestra hermana celeste y sus divinidades. Y, con *Manual de Magia Moderna*, sentarás las bases, no solo para entender la magia, sino para poder elaborar y crear tus propios hechizos y rituales.

Te doy la bienvenida a este nuevo capítulo
de tu vida, que te abrirá todo un universo
de posibilidades.

KEYLAH MISSEN

CURANDERAS Y CHAMANAS. UN POCO DE HISTORIA SOBRE BRUJAS Y MUJERES SABIAS

*Y recuerda: una bruja, ante todo,
es una mujer en su poder.*

LISA LISTER

Desde los albores de la humanidad, nos hemos interesado por las propiedades y usos del mundo vegetal que nos rodea, tanto como medicina para el cuerpo como para el espíritu, para alegrar una comida y para relajar la mente, para acompañar a aquellos que dejan este mundo y se internan al siguiente, como para mantener las energías negativas y los malos espíritus a raya.

Esta sabiduría y sus remedios se transmitían de generación en generación; algo que con la vida moderna se ha perdido, olvidando así nuestra conexión con ese mundo y parte de nuestra esencia mágica.

Dicen que, para cada mal que hay en el mundo, existe una planta para aliviarlo. Y es que, desde la antigüedad, hemos recurrido a ellas para aliviar el dolor y proporcionar bienestar. Iniciamos nuestras prácticas mediante prueba y error, desde las cavernas observábamos las distintas plantas y sus ciclos, cuáles comían los animales y cuáles evitaban.

Lentamente, no solo vimos sus capacidades curativas en nuestro espectro físico, sino que comprendimos su alma y cómo esta iba más allá. Descubrimos su simbolismo. De esta manera, nacieron chamanas y curanderas, mujeres y hombres sabios que leían las energías, eran capaces de conectar con los espíritus y se servían del reino vegetal y animal como intermediarios.

Afortunadamente, pese a los cambios en la sociedad y el daño que le hemos causado a la Madre Tierra, las plantas curativas y mágicas siguen creciendo en campos, montañas y, silvestres, en cada rincón que se les permita y tengan nutrientes, agua y luz solar.

Hoy en día, podemos encontrar fácilmente todo lo necesario para crear nuestro huerto, ya tengamos una tierra donde cultivarlo o un rincón en el balcón o en una ventana. Existen huertos urbanos de distintos tamaños, podemos cultivar en tiestos y maceteros, e incluso existen tutoriales en internet para crear nuestro huerto vertical y aprovechar el más mínimo espacio.

Aprender a cultivar nuestras propias plantas, tenerlas a nuestro alrededor y dedicarles nuestro tiempo, regándolas y podándolas puede ser muy relajante. Además, cultivarlas en casa nos permite elegir aquellas que mejor se adapten a nuestro entorno y a nosotras, aquellas con las que vibremos en sintonía y nos ayuden a sentirnos más sanas y en armonía con el mundo natural y espiritual.

Deméter y Perséfone

Deméter, hija de Crono y Rea, es la diosa griega de la agricultura y del ciclo de la vida y la muerte en la Tierra. Su nombre, Deméter, proviene del griego antiguo y significa 'diosa madre', por ser aquella que da vida al mundo que nos rodea y, con él, al ser humano.

Era una diosa muy importante en el panteón griego y, después, continuó siéndolo en el romano bajo el nombre de Ceres. Su historia es muy triste y, al mismo tiempo, un canto a la esperanza, una metáfora del eterno ciclo de muerte y resurrección, que también podemos ver en los ciclos lunares y en las estaciones.

Zeus, su hermano, quien se había coronado como dios supremo en el Olimpo tras derrotar a su padre, la violó y Deméter dio a luz a una niña, Perséfone. Deméter amaba a su hija, pero un día esta desapareció tragada por la tierra porque Zeus se la había entregado a su hermano Hades como esposa. Deméter no cejó en su búsqueda y, cuando supo por Apolo lo que en realidad había sucedido, dejó que la tierra y su vegetación murieran, con lo que los seres humanos perecían de inanición.

De este modo, viendo el mundo sucumbiendo a la tristeza e ira de la madre, Zeus ordenó a su hermano que devolviera a Perséfone. Sin embargo, Hades y Perséfone se amaban, y el dios del inframundo no era estúpido, así pues, le dio a su reina unas semillas de granada para el viaje a casa y esta las comió quedando ligada para siempre al mundo de los muertos.

Así fue como nacieron las estaciones: la primavera llega cuando Perséfone vuelve a visitar a su madre y el otoño cuando esta parte con su esposo.

La historia de las diosas Deméter y Perséfone nos habla no solo de las estaciones, sino también del poder generador y destructor de las mujeres sabias, de cómo las religiones y el poder patriarcal tratan de poseerlas y vulnerarlas. Sin embargo, al final es Deméter quien enseña al ser humano el arte de la agricultura y le entrega aquello que, según el ateniense Isócrates, nos diferencia del resto de los animales: el grano.

La vegetación y la sabiduría arcana sobre las plantas medicinales y mágicas están vinculadas al mundo de la fertilidad y de la abundancia, pero también al de la muerte. Sus espíritus son interlocutores que nos permiten trabajar entre planos.

Un poco de historia

Hace unos 3500 millones de años, surgió la primera forma de vida en la Tierra. En los primeros albores, las plantas primitivas ya estaban ahí. En un mundo hecho principalmente de agua, bacterias y algas fueron, en parte, responsables de nuestra atmósfera gracias a la fotosíntesis; lo que permitió que otras formas de vida pudieran aparecer con el tiempo, como las plantas con esporas y, más tarde, con semillas.

Ellas, las plantas, han vivido todos los cambios experimentados por la faz de la Tierra: movimientos tectónicos, calentamientos globales y glaciaciones, la aparición de nuevas formas de vida... Estaban ahí cuando nuestros antepasados dieron sus primeros pasos. De hecho, algunas plantas, como los helechos o la cica, son consideradas fósiles vivientes.

Pinturas murales del 3000 a. C. dan testimonio de cómo, en el antiguo Egipto, se empleaban plantas para usos medicinales, cosméticos, culinarios y espirituales. Trabajaban con plantas que nosotros conocemos: menta, mejorana y enebro, entre otras.

El papiro de Ebers (1500 a. C.) y el papiro de Kahun (1900 a. C.) aportan datos muy interesantes que reflejan el conocimiento sobre plantas medicinales y remedios naturales para dolencias femeninas, así como para el parto.

Además, en el antiguo Egipto, las recetas con plantas estaban estrechamente ligadas a la magia y en los papiros se habla de numerosas fórmulas que se administraban mediante polvos, píldoras, ungüentos e incluso galletas. Recurrían a unas cuatrocientas materias primas, entre las que se encontraban las de origen animal, como los huevos y la miel, y los vegetales tales como el cedro y el olivo, o el ajo, el anís, la lechuga y el loto. Y, finalmente, también se usaban minerales, como la arcilla, la sal o el lapislázuli.

Empleaban todas las partes de la planta: raíces, flores, hojas, frutos, resina, macera y aceite. Y de ellas guardaban sus jugos, su humo y su ceniza.

También sabemos de los usos de las plantas en Babilonia gracias a tablillas en las que, con su escritura cuneiforme, se nos citan sus fórmulas; siendo las más antiguas las de los tiempos sumerios. En ellas, se da especial importancia al momento de elaborar y consumir el preparado —siendo el alba o la noche los momentos idóneos—, y se cuenta cómo se usaban las decocciones y maceraciones que preparaban al caer la tarde y debían consumir en ayunas al levantarse, tras mezclarlas con agua, leche, vino, aceite o miel.

El rey babilónico Mardukapalidine II (772-710 a. C.) mandó construir un gran jardín donde había manzanos, calabazas, granados y alcaravea. En él crecían la flor de azafrán, el ajo, el hinojo, el tomillo, el cilantro y el regaliz, junto a rosales y la mirra. Entre sus plantas más valoradas se encontraba la adormidera, el cáñamo y la mandrágora.

La cultura china cree realmente que la naturaleza posee un remedio apropiado para cada mal. En el libro de medicina de Huangdi, el Emperador Amarillo, de más de 4000 años de antigüedad, podemos encontrar muchos de estos remedios. De hecho, el compendio *Pen ts'ao Kang-mou* (1597), de Li Shih-Chên, posee un listado de plantas que supera la de cualquier otro. Esto es así porque iban creando sus formularios a través de los siglos, anotando no solo los usos comprobados de cada planta, sino también aquellas sustancias encontradas y todavía por estudiar.

En la actualidad, utilizamos muchos de sus remedios e incluso la medicina moderna bebe de ellos. Algunas de esas plantas son el ginseng, el té y el anís estrellado.

La cultura tradicional india considera que la naturaleza es un flujo continuo, siempre en evolución; un movimiento que puede reconducirse a través de fórmulas mágicas y, a través de ellas, prolongar la vida humana. Dicha sabiduría consiste en conocer los *upaj*; es decir, los componentes y fórmulas medicinales y mágicas. La medicina moderna también se sostiene en sus formularios, pues en la India trabajan con especias que han demostrado poseer propiedades no solo antiinflamatorias o purificantes, sino anticancerígenas, tales como el cardamomo, el jengibre, la nuez moscada, la pimienta y la madera de sándalo, entre otras.

Antiguamente, eran los propios médicos quienes preparaban sus medicinas, haciendo uso de los rizomas, las materias primas que proporcionaban los herboristas y las fórmulas para cosméticos y pociones mágicas de todo tipo —desde filtros de amor a venenos— que ofrecían los mercaderes.

Gran parte del conocimiento de los griegos sobre la medicina y la magia a través de las plantas se adoptó de la sabiduría egipcia. Dichos conocimientos también serían recibidos por los romanos y, con la extensión de su Imperio, llegaron a toda la zona Mediterránea.

Según la medicina griega, la naturaleza nos muestra cuál es el poder de cada planta a través de su forma y color, siendo los frutos rojos buenos para los problemas de la sangre, por ejemplo.

Hipócrates (460-370 a. C.) es uno de los representantes de la medicina griega que hoy en día sigue siendo símbolo de dicha disciplina; de hecho, su ética y principios morales son todavía el juramento que han de pronunciar los futuros médicos. Era considerado de origen divino y su genealogía se remontaba a los orígenes del dios fundador de la medicina, Asclepio —llamado Esculapio por los romanos—, cuyo símbolo era la vara rodeada por una serpiente.

Actualmente podemos ver ese símbolo en las farmacias y lo asociamos con la medicina; en la antigua Grecia y Roma, también podemos ver la misma simbología en el caduceo de Hermes —el Mercurio romano—, puesto que era el mensajero entre reinos y esferas, así como el guía de las almas en el inframundo. Dos caras, la de la vida y la de la muerte, que ya hemos visto ligadas con Deméter y Perséfone.

Hipócrates veía la medicina como un arte y su filosofía se basaba en que las funciones fisiológicas tienden a la armonía entre los cuatro elementos —tierra, agua, fuego y aire— a través de los humores que los representan en nuestro organismo: la sangre, la flema, la bilis amarilla y la bilis negra. Mientras estos estuvieran en equilibrio, se gozaba de buena salud; sin embargo, si su temperatura o proporciones variaban, aparecía la enfermedad.

Sus tratamientos se basaban en que nuestro alimento es nuestra medicina, pues aquello que comemos tiene propiedades que reaccionan con nuestro organismo, y en sus notas recomendaba plantas y preparados con belladona, opio y mandrágora.

Claudio Galeno (129-201/216 d. C.), inspirado por el trabajo de Hipócrates, llegó a ser el médico personal de Marco Aurelio. Él fue el fundador de la medicina galénica, ciencia que cataloga las materias y preparados medicinales; de ahí las fórmulas galénicas de los medicamentos.

Y Dioscórides (40-90 d. C.), también médico griego, fue el primero en compilar, en los cinco tomos de su *Materia Medica*, las plantas medicinales y sus efectos, bebiendo del papiro egipcio de Ebers.

La medicina árabe recuperó los remedios y las magias egipcias y babilónicas; y, en el s. x, sabían destilar los aceites esenciales de las plantas y conocían sus propiedades. Entre sus médicos más célebres encontramos a Avicena (980-1037 d. C.), quien describió los preparados más eficaces de su época. Lamentablemente, muchas de las plantas que aparecen en ellos no son de fácil obtención para nosotras, pues trabajaba con sustancias de origen tibetano, chino e indio.

Tras la caída del Imperio romano, fue en los monasterios cristianos donde se fomentó el conocimiento herbolario, apareciendo en la Alta Edad Media la llamada medicina monástica. Como prueba de ello, el *Herbarium Apuleii Platonici*, del s. IV, recapitulaba los conocimientos de médicos griegos y romanos.

Más tarde, Carlomagno (742/748-814 d. C.) contribuyó a impulsar el desarrollo de la medicina popular al ordenar oficialmente que tanto monasterios y conventos como los grandes explotadores agrícolas cultivaran no solo hortalizas y árboles frutales, sino también plantas medicinales y flores. Mas la práctica médica con plantas era peligrosa para las mujeres, puesto que el cristianismo atribuyó estos conocimientos femeninos al demonio.

Si estudiamos un compendio sobre plantas medicinales, vemos que los nombres locales de la planta se escriben junto a su denominación latina. Esto fue gracias a la abadesa Hildegarda de Bingen (1098-1179 d. C.), autora de *Physica* y *Causae et curae*, escritos que reformularon la nomenclatura tal como era conocida hasta entonces. Y es que la influencia de las mujeres sabias siempre ha estado ahí, solo que silenciada y oculta.

En el s. XII, la sabiduría sobre plantas quedó bajo el control e influencias escolásticas en todo Europa. Fue en el Renacimiento, gracias a la invención de la imprenta —de mano de Johannes Gutenberg, en 1440— y al «descubrimiento» de América por Cristóbal Colón en 1492, que los herbarios empezaron a proliferar y se disparó la importación de materia prima y fórmulas, convirtiéndose en la época dorada del saber botánico.

Nuevas plantas llegaron al continente europeo y otras —como el tomillo, el perejil y la ajedrea— viajaron a América. En aquella época se creía que las plantas no solo servían para medicina, cosmética y cocina, sino que con solo oler su esencia la gente podía sanar y resistir el ataque de cualquier enfermedad.

Paracelso (1493-1541), médico y alquimista suizo, influyó en el campo médico y mágico con sus estudios y observaciones a través de la experiencia en el terreno y la medicina popular.

No fue hasta el s. xviii que botánica y medicina se separaron con la aparición de la investigación científica moderna y los medicamentos sintéticos se impusieron. En el s. xix, eran los farmacéuticos los encargados de preparar las fórmulas con plantas y, con la Revolución Industrial, los medicamentos empezaron a fabricarse en masa. Llegado el s. xx, junto al desarrollo de la química médica y los procesos de síntesis orgánica, la industria farmacéutica —originada por la medicina moderna— fue capaz de combatir males hasta entonces mortales.

La fitoterapia —rama de la medicina que se basa en las propiedades y remedios vegetales para sus preparados— se desarrolló como tal en el s. xx.

En el s. xxi, gran parte del mundo científico está reconociendo e investigando las plantas medicinales para combatir todo tipo de enfermedades y, con ello, se están popularizando de nuevo los remedios naturales.

Por otro lado, gracias a expediciones arqueológicas europeas se han recuperado y publicado textos antiguos sobre magia. Papiros, en su gran mayoría, fechados entre los s. i a. C. y v d. C. y que recopilan las prácticas religiosas del Egipto grecorromano. En dichos textos conviven divinidades de culturas diversas que sirven de mediadoras; con nombres egipcios, sí, pero también babilónicos, griegos, romanos, hebreos…

En ellos hallamos invocaciones, hechizos y amuletos; lo que hoy en día llamamos «prácticas mágicas», que sirven para atender las necesidades del practicante, desde la protección a la atracción o maldición, sirviéndose del poder del nombre, los símbolos y ritos de purificación para contactar con las distintas esferas y con el más allá.

Es en estos textos encontramos el palíndromo —palabra que puede leerse en ambos sentidos— del dios Ablanatanalba, con el que creaban un triángulo mágico suprimiendo una letra en cada línea, como se hace con la palabra cabalística «abracadabra».

A
AB
ABL
ABLA
ABLAN
ABLANA
ABLANAT
ABLANATA
ABLANATAN
ABLANATANA
ABLANATANAL
ABLANATANALB
ABLANATANALBA

En *Manual de Magia Moderna*, en el apartado «Lenguaje, números y símbolos», hablo del poder del nombre. Sin embargo, ya os sea posible leer ese capítulo o no, es importante saber que, a través del nombre, podemos apropiarnos del poder y controlar energías y espíritus —como hizo Isis al hacerse con el nombre de Râ—. La simbología forma parte de los conocimientos mágicos, como la astrología, el poder de las gemas o el de las plantas medicinales y mágicas.

Y, pese a que puede parecernos sencillo escribir una palabra en un papel o quemar las plantas apropiadas, los hechizos de los papiros exigían también un ritual com plejo, desde la purificación y sellado, a los elementos mágicos, pasando por la propia presentación. Algo que buscamos simplificar en este manual, para que todo resulte más intuitivo, orgánico y cercano.

BRUJAS, SABIAS
Y CHAMANAS

Nunca pongas tu fe en un príncipe.
Cuando requieras un milagro,
confía en una bruja.

CATHERINE M. VALENTE

Antes de ser llamadas brujas, las mujeres sabias eran transmisoras de saber; eran curanderas y parteras, instruidas en los conocimientos naturales femeninos, y desempeñaban una función social importante dentro de sus tribus. Sin embargo, con las religiones patriarcales —y en especial con el cristianismo—, se las quiso estigmatizar y ridiculizar, buscaron desacreditarlas ante su pueblo para así poder exterminar no solo sus cuerpos físicos, sino la idea que encarnaban.

Convirtieron algo pagano en algo demoníaco, mujeres sabias en brujas. Y hemos de ser conscientes de que las creencias modifican la realidad.

La Iglesia prohibió pues el culto a los elementos de la naturaleza y la luna, y prohibió celebrar a diosas paganas. Al principio, no vetaron la recolección y uso de las plantas medicinales, sino cualquier conocimiento que escapara de las manos de su dios. Ahora bien, en el s. XIV, se desarrolló el concepto de *bruja* como aliada y servidora del demonio y fue cuando el uso de las plantas por parte de las mujeres se convirtió en algo pagano y, por tanto, impío.

Existen todavía pueblos aborígenes que viven en comunión con la naturaleza, que atribuyen a las plantas un cariz sagrado y un alcance tal que resulta metafísico e intangible, con poderes mágicos transformadores.

Las mujeres sabias, las chamanas y curanderas viven en nuestro mundo, pero con una manera de convivir y de relacionarse consigo mismas y con la naturaleza distinta a la que nos dirige la sociedad moderna. Ellas, con las plantas como eje, nos muestran cómo es posible sanar y conocerse a una misma a través de la introspección y el trabajo para su conocimiento.

Cada planta posee una personalidad única, su propia alma y espíritu. Los rituales con plantas nos trasladan a otra época y cosmología; entre cantos alrededor de una hoguera, las plantas se transforman. Algunas son de aire, otras de fuego. Todas ellas son parte de la Madre Tierra. Dejan de ser flores, madera y hojas para convertirse en alimento sagrado, medicinas ancestrales que se beben, se absorben por la piel, se aspiran o se soplan. Cada una de ellas, purificándonos física, mental y espiritualmente, y permitiéndonos vivir el mundo con mayor equilibrio y fluidez mientras buscamos la solución a nuestros problemas, uno a uno, y de manera natural.

De este modo, desde el prisma de la religión cristiana, los signos y conocimientos usados por estas mujeres no podían ser otra cosa que maleficios, así que fueron condenados y perseguidos. La magia femenina pasó a ser superstición o cosa del demonio.

Por fortuna, esos conocimientos se han transmitido y recuperado. Cuando era niña, paseaba de la mano de mi abuelo, quien me contaba leyendas y explicaba el sentir y las propiedades de cada planta cercana. Más tarde conocería a otras mujeres y a hombres que compartirían conmigo sus conocimientos y devoraría todo manual que cayera en mis manos. Y siento que, hoy en día, la palabra *bruja* se ha convertido, en parte, en reivindicación del poder femenino.

Las plantas mágicas constituyen un canal directo al vientre de la Madre Tierra, un vínculo con nuestra conciencia y energía. Las plantas pueden sanarnos, pueden apaciguarnos e incluso pueden hacernos viajar hacia la adivinación y el entendimiento profundo de la realidad; como ocurría con el llamado ungüento de las brujas o *unguentum pharelis*, que era parte de los aquelarres y provocaba alucinaciones y la sensación de volar. Esa pomada estaba compuesta por beleño, belladona, adormidera y mandrágora. El beleño es una planta con un largo recorrido en la magia; de hecho, es una de las sustancias que aparece en los papiros de Ebers. Dioscórides (25/40-90 d. C.) lo recomendaba como analgésico y, durante la Edad Media, se utilizaba para fumigar y preparar filtros y ungüentos. La belladona, por su parte, es una de las plantas ligada íntimamente a las brujas, pues se decía que su espíritu salía la noche de Walpurgis, durante la preparación del aquelarre. La adormidera es una planta que ha sido utilizada por el ser humano desde la prehistoria; se han encontrado restos de esta en los ajuares funerarios alrededor de la península ibérica y, en las tablas sumerias de hace 5000 años, se la nombra como calmante de dolor y somnífero, además de aparecer también en la *Materia Medica* de Dioscórides. Finalmente, la mandrágora es una de las plantas asociadas a la magia más famosa de Europa. Como el beleño, es una de las sustancias que aparece en los papiros de Ebers y Dioscórides la utilizaba en forma de maceración hidroalcohólica como anestesia y somnífero.

Las chamanas son expertas en el viaje mediante plantas alucinógenas. Las plantas psicoactivas han sido parte de la medicina del ser humano desde la antigüedad, cuando descubrieron que determinados vegetales y hongos tenían la capacidad mágica de alterar la conciencia y, a través de procesos y rituales, curar a aquellos que estaban atrapados en su dolencia.

En la Edad Media tuvieron su auge en la preparación en pócimas, ungüentos y perfumes que producían los efectos deseados, normalmente como filtros amorosos, para atraer la suerte y para enfermar al enemigo o rival.

La primera vez que me interné en un viaje fue mediante la ayahuasca, planta sagrada para las tribus de la Amazonia occidental. El chamán que nos acompañó, a mí y a nuestro grupo, también era psiquiatra de profesión y nadie podía participar sin pasar antes por dos entrevistas, en las que él determinaba si podías unirte o no. Además, durante el ritual, estuvimos en un ambiente seguro, con todo lo que necesitábamos, desde mantas y colchonetas para estirarnos, hasta cubos y agua, por si eran necesarios. Y no solo nos acompañaba el chamán, sino un grupo de médicos que no participaban en el ritual como nosotros, sino que estaban allí para asistir a los viajantes.

La ayahuasca es conocida como la «liana del alma», un cordón umbilical que se extiende hasta el albor de los tiempos y nos une a nuestros antepasados, a los espíritus y a la Madre Tierra. Y así fue. Al principio no sentí nada hasta que escuché un gruñido que me alertó. No había ningún animal en la sala y, sin embargo, yo escuchaba el rugido sordo de un animal a punto de atacar. También advertía el sonido de zarpas afiladas arañando. Percibí que se me erizaba el vello y me rugían las tripas, acechaba bajo la manta, hundiendo mis garras en la colchoneta. Me había convertido en una pantera, sabia, salvaje y hambrienta.

En los viajes con ayahuasca son conocidas las visiones de montañas y cielos de colores vibrantes, animales como serpientes y jaguares, pero también de apariciones monstruosas y fantasmales. Los sentidos se agudizan y percibimos —a través de ojos, oído, olfato y tacto— cosas que antes no sabíamos que estaban ahí. La energía que nos rodea toma forma y nos muestra aquello que necesitamos experimentar.

Tras mi transformación en un animal poderoso, furioso y violento, me hundí en la oscuridad. Temí por mi integridad física, me sentía caer y caer sin fin, sin nada a mi alrededor. Hasta que, de pronto, percibí en mis contornos que algo me sostenía. Una sustancia líquida y cálida que reflejaba la oscuridad que se extendía sobre mí. Una negrura surcada de estrellas y planetas. Sentí que volvía a casa, que encontraba aquello que siempre había estado buscando.

Durante el ritual uno se enfrenta a sí mismo, el alma es liberada y deja ver al verdadero ser. Pero no a todo el mundo le funciona, las intenciones del viajante han de ser puras.

Esta es una planta que afecta a todas nuestras esferas y realidades. Hay a quien le hace vomitar o le provoca diarrea, porque le obliga a purgar aquello que le está dañando. A otros les despierta el subconsciente, les trae recuerdos dormidos y les revela verdades. Las alucinaciones no pertenecen al campo físico ni al mental, sino al espiritual; así, nos muestra energías, espíritus, deidades y personalidades que forman parte de nuestro todo, que coexisten con la identidad que mostramos al mundo y a nosotros mismos.

Las plantas psicoactivas afectan al sistema nervioso central y producen estados alterados de conciencia. La dosis ha de estar bien medida y se ha de controlar a la persona que lo ingiere, puesto que estas sustancias pueden actuar como medicina, pero también como veneno. Es por ello por lo que en este manual comentaremos algunas de ellas, pero no explicaremos cómo utilizarlas ni detallaremos rituales en que se usen.

Es cierto que este tipo de plantas permiten abrir los canales energéticos y la conciencia al mundo espiritual y a nuestro interior, para limpiar y ordenar la mente; sin embargo, recomiendo encarecidamente buscar a un experto antes de realizar ninguna práctica con ellas.

LA MAGIA
DE LAS PLANTAS

Un pájaro no canta porque tiene una respuesta,
canta porque tiene una canción.

MAYA ANGELOU

Como hemos visto en el capítulo anterior, las plantas han tenido una importancia crucial para el ser humano desde tiempos inmemoriales. En la cultura popular eran las mujeres sabias, que vivían en el campo y conocían las propiedades y los remedios vegetales, quienes preparaban estas medicinas. Y las sacerdotisas, las druidas y chamanas eran aquellas que conectaban, además, con el alma y espíritus de la planta, con las vibraciones sutiles que permitían obrar cambios en la realidad y conexiones con otras esferas.

Estas mujeres sabias siguen existiendo en nuestros días, están unidas a la naturaleza y saben cómo aprovechar la magia de sus hermanas vegetales para realizar su voluntad mediante hechizos y rituales. En sus casas encontraremos cruces de Brígida tejidas tras sus portales, ajos junto a las ventanas y bolsitas de lavanda bajo la almohada, costumbres que muchas hemos heredado sin saber muy bien de dónde venían.

Cada cultura tiene sus propias recetas y su manera de nombrar a estas mujeres. Por ejemplo, en Cataluña, existen las *trementinaires*, mujeres que utilizaban la trementina, aceite que se extrae de los pinos, para aunar sus propiedades medicinales con las de otras plantas y, antiguamente, partían de sus valles cargadas con los preparados que después comerciaban en su largo viaje a pie.

Las plantas, tanto en su forma natural como en ramas secas y machacadas, han sido parte de la magia tradicional y cotidiana desde antes de que tengamos memoria histórica. Como ya hemos visto, esta es una sabiduría que viene de la prehistoria, se encuentra en papiros del antiguo Egipto y en escritos de griegos y romanos, y se convirtió en medicina monástica en la Edad Media, cuando en cada monasterio había un jardín de aromáticas y medicinales. En esa misma época, en silencio para no ser castigadas por tratar de ayudar a sus vecinos, las mujeres continuaron pasando su saber, de abuelas y madres a hijas y nietas.

Las vibraciones de las plantas tienen influencia con su sola presencia; con añadir unos paquetes en un ritual, el alma vegetal ya estará influenciando los resultados. Si, además, conocemos sus propiedades, podemos usarlas para quemarlas, preparar bolsitas que llevaremos como amuletos o ungir velas.

Vayamos por partes

En botánica y fitoterapia se utiliza la denominación científica en latín que sigue unas reglas internacionales precisas. La taxonomía determina el nombre de la especie, el género, la familia, la clase y la subclase, y suele ir acompañado por la descripción física de la planta y sus propiedades.

Este no es un libro de botánica ni de fitoterapia, en él nos interesa aprender las propiedades medicinales, energéticas y mágicas de plantas que podemos encontrar con facilidad, e incluso cultivar en nuestro balcón, por lo que dejaremos los tecnicismos para obras más sistemáticas —dejo algunos ejemplos en la bibliografía—. Lo que sí nos interesa es conocer las partes que componen una planta para así poder utilizar con precisión la que necesitemos. Estas son:

* La raíz: es un órgano subterráneo, no articulado, de los vegetales; a diferencia del tallo, no posee hojas. La raíz sujeta la planta al suelo, de donde toma el agua y las sustancias minerales en disolución. La planta, además, puede acumular en la raíz sustancias de reserva. Las raíces que pueden llegar a formarse en el tallo se llaman «adventicias» y sirven para la multiplicación vegetativa —los llamados «esquejes»—.

* El tallo y las hojas: en su parte superior, la raíz da paso a las partes aéreas, que se dividen habitualmente en tallo y hojas. En algunas plantas, los tallos subterráneos están particularmente desarrollados

y, entre ellos, los rizomas tienen especial importancia. El tallo comunica la raíz con las hojas y sirve de intermediario para el intercambio de sustancias químicas; además, coloca las hojas en situación favorable para recibir la luz y los rayos del sol.

* La flor: la flor de las plantas con semillas es un brote o incluso un trozo de brote de crecimiento limitado, cuyas hojas modificadas contribuyen directa o indirectamente a la reproducción.

* El fruto: es donde se encuentran las semillas de la planta, que pueden ser liberadas al estar maduro o diseminarse con él —al caer a tierra o ser transportado por algún animal—.

EL ALMA VERDE

*La naturaleza sostiene la vida universal
de todos los seres.*

DALAI LAMA

Fue el alquimista conocido como Paracelso (1493-1541) quien, en el s. xvi, propuso la teoría de los aceites esenciales y los denominó como el «alma» de las plantas, por el carácter etéreo de la sustancia.

Como ya he dicho, Paracelso era un alquimista y, como tal, su trabajo consistía en destilar o producir las esencias soberanas de cada material, que después serían utilizadas para curar los males de la especie humana.

Si en fitoterapia —y en la manipulación farmacéutica de las plantas— se busca determinar y concretar las propiedades físicas del vegetal para poder encontrar la preparación más provechosa, en alquimia y en su tratamiento como sustancia mágica, el fin consiste en liberar la fuerza y el alma de esa planta. Buscamos lo sutil, el vehículo del cuerpo astral.

Paracelso se refería al alma de las plantas como «arcano», sustancia inmortal e incorpórea que restaura y conserva los cuerpos, y la sintetizaba en forma de tinturas, reduciendo la planta a su materia primitiva, a su *cagastrum al aliastrum*. Pues, según el alquimista, el poder del mundo vegetal se halla en su espíritu, que se ve oscurecido por el vestido de la materia; de ahí que sea preciso extraerlo mediante fuego y otros medios más complejos.

La esencia de las plantas

Así pues, el aceite esencial es el alma, la personalidad de la planta. Las aromáticas son plantas que, como hemos visto, han estado presentes en la vida de los seres humanos desde los inicios —de hecho, las plantas nos vieron recorrer nuestro viaje evolutivo y, sin ellas, ni siquiera existiríamos—. Además, las aromáticas se definen por su carácter organoléptico; es decir, que inciden en nuestros sentidos del gusto y el olfato, activando respuestas en nuestro sistema.

Podemos encontrar estas sustancias concentradas en las flores, hojas, tallos, raíces y corteza. Y, pese a que están presentes en todo el reino vegetal, solo algunos grupos nos proporcionan los aceites esenciales que utilizamos.

La composición química de estas sustancias cambia constantemente, puesto que se mueve y es distinta en cada planta. Dicho de otro modo, la composición depende del momento de recolección, de que la planta esté en crecimiento, en plena floración o al final de su vida.

Gracias a la esencia, la planta regula el crecimiento de sus hojas y frutos, aleja insectos y animales perjudiciales, atrae a los polinizadores que la ayudan a reproducirse y se protege de la deshidratación y de quemaduras solares.

Su composición también varía según el momento del día y del año. Depende de la planta evitaremos recogerla durante la floración, mientras que en otras nos interesará precisamente la flor. En cuanto al momento del día, es interesante que sea por la mañana, cuando ya están secas del rocío, pero el sol todavía no está incidiendo con fuerza y volatilizando su esencia. Finalmente, las sustancias químicas volverán a alterarse en el momento de la recolección y tratamiento para extraer ese aceite, para al final obtener lo que nosotros llamamos «esencia».

Como para todas las cosas, la mitología tiene una historia para explicar su origen. Una de estas narraciones míticas nos explica cómo surgió la menta que todas conocemos. El dios Hades y la ninfa Mente mantenían un romance ilícito del que se enteró Deméter y, cuando se lo contó a su hija, Perséfone, ni corta ni perezosa, mató a la ninfa a golpes. Cuando Hades halló el cuerpo amado de Mente, hizo crecer una planta aromática de sus restos para tener su esencia, su alma, siempre cerca. Parece ser que el interés por los aceites esenciales tuvo su origen en Egipto, Persia e India, donde desarrollaron el método de destilación para extraer la sustancia del vegetal. Su comercialización se popularizaría en la Edad Media, pero lo que ofrecían los mercaderes no era exactamente esencia, sino ungüentos y aceites perfumados con aromáticas, o macerados con vino y otros alcoholes.

Más tarde se perfeccionarían los métodos para extraer el aceite esencial puro. De acuerdo con el origen del aceite, hoy en día hablamos de: aceites naturales, artificiales o sintéticos. El natural se obtiene a partir de material vegetal fresco. Cuando esta esencia es enriquecida con otros componentes, obtenemos un aceite artificial. Y los aceites sintéticos se obtienen mediante síntesis; muchos de los aceites esenciales comerciales son de este tipo, pues este método permite abaratar costes y se utilizan como ambientadores y saborizantes.

Las esencias se pueden clasificar en tres grupos:

★ Fluidas: líquidos volátiles a temperatura ambiente; se evaporan con facilidad. El líquido que exuda la cascara de los cítricos es un ejemplo.

★ Resinas: sustancias de consistencia más espesa, también son volátiles y tienden a experimentar reacciones de polimerización, como el incienso.

★ Oleorresinas: son líquidos muy viscosos con el aroma de la planta de manera concentrada —como una combinación entre aceite y resina—. La trementina que usaban las llamadas *trementinaires* sería un ejemplo de ello.

Respira, huele y... calma

No debemos subestimar el poder de las plantas pues, solo con olerlas, cuando paseamos por el campo en plena primavera y sus aromas nos acunan, están actuando sobre nuestro sistema nervioso.

El estrés es parte de nuestra vida diaria. Vivimos en un mundo que nos ataca continuamente con prisas, infoxicación, exigencias culturales y estéticas... El estrés en sí no es malo, es parte de nuestra reacción huida-defensa, la que nos permite sobrevivir en la naturaleza; los problemas aparecen cuando este estrés se prolonga o repite con frecuencia y empiezan a brotar más síntomas en consecuencia.

Ansiedad, insomnio, pesadillas, nerviosismo, dolores musculares, reacciones cutáneas, molestias digestivas e incluso depresión son algunas de las consecuencias de este estrés sostenido. Estudios médicos han demostrado que muchas enfermedades inmunodepresoras y el cáncer, así como cardiopatías, se desarrollan con facilidad alarmante en ambientes estresantes.

Los aceites esenciales pueden rescatarnos en momentos en los que nos creamos perdidas en el ritmo de nuestras vidas y en las exigencias externas e internas. Algunas esencias poseen propiedades ansiolíticas o relajantes y refuerzan el sistema inmunitario.

Para aprovecharnos de sus poderes sanadores podemos utilizar los aceites de distintas maneras:

* Inhalando directamente el aceite esencial. Tiene un efecto rápido y puedes hacerlo poniendo unas gotas de la esencia en un pañuelo de ropa o en tu almohada cuando vayas a dormir.

* Pulverizándolo en el ambiente. Puedes preparar un espray casero, mezclando 100 gotas del aceite esencial en 100 ml de agua.

* Con un difusor aromático. Los hay que funcionan con el calor de una vela y algunos incluso por ultrasonidos. Con unas 20 gotas al día, encendiendo el difusor entre 20 y 30 minutos, tres veces al día, mañana-mediodía-noche, toda tu familia —o entorno laboral— se beneficiará de sus efectos.

* Dándote un relajante baño. Diluye 20 gotas de esencia en tu gel de ducha y disfruta.

* Con un buen masaje. En lugar de diluir la esencia en gel o agua, utilizarás aceite de almendras.

A continuación, te propongo cinco aceites esenciales fáciles de encontrar y que pueden ayudarte en tu vida diaria y para superar épocas de mucho estrés.

* Esencia de lavanda. La lavanda es un clásico cuando hablamos de nervios e insomnio. Posee propiedades antidepresivas y ansiolíticas, desanuda la energía de nuestro plexo solar, y es ideal para aquellas que siempre están estresadas y para las que somos muy sensibles.

* Esencia de azahar. Su aroma es embriagador y tiene propiedades ansiolíticas y tónicas. Está contraindicada durante el embarazo y para niños menores de seis años, pero es ideal para personas hipersensibles y tímidas; también para aquellas que están atravesando una época complicada y tienen miedo y falta de confianza o motivación. Nos permite abrirnos y rompe bloqueos.

* Esencia de laurel. Estamos acostumbradas a aprovechar sus propiedades en la cocina, pero su aceite esencial posee propiedades tonificantes y que estimulan los sistemas nervioso e inmunitario. Nos permite lograr el éxito en situaciones nuevas o en las que nos sentimos inseguras porque nos aporta confianza. También es ideal para los momentos en que el estrés nos roba la energía. No debe utilizarse durante el embarazo ni en niños menores de seis años.

* Esencia de albahaca. Esta es otra planta que relacionamos con la comida, especialmente con la cocina italiana. Sin embargo, es una esencia con propiedades antiespasmódicas y digestivas que alivia el estrés que se nos clava en el estómago. También nos ayuda ante el cansancio mental, aportándonos concentración y rompiendo con los pensamientos negativos en bucle que nos paralizan.

  La variedad de albahaca más utilizada en aromaterapia es la albahaca exótica. No debemos utilizarla durante el embarazo ni con niños de menos de seis años.

* Esencia de romero. Este aceite nos equilibra —física, psíquica y emocionalmente—, nos aporta fuerza de voluntad y nos conecta con nosotras mismas. Además ayuda a nuestro sistema inmune y es tonificante. Evitadlo durante el embarazo y en niños menores de seis años.

Contraindicaciones

Pese a todas las bondades mencionadas, hemos de tener en cuenta ciertas precauciones ante reacciones adversas y posibles efectos secundarios.

En dosis normales, los aceites esenciales no producen efectos secundarios llamativos, pero en dosis más elevadas pueden llegar a ser tóxicos. Hemos de tener en cuenta que estas dosis también dependen de la persona que las vaya a utilizar y de características como la edad, el peso, el sexo, cómo vamos a administrarlo e incluso el momento del día en el que lo hagamos.

Los aceites pasan con rapidez la barrera de la piel y llegan directos al torrente sanguíneo, por lo que, a la hora de elaborar aceites de masaje, baños, etcétera, es muy importante tener en cuenta la dosis. Por ejemplo, en masajes, cuanto mayor sea la zona a tratar, menor será la cantidad de esencia en base de aceite vegetal —también tendremos en cuenta que cada aceite esencial es diferente y que algunos necesitan estar más diluidos que otros—.

Hemos de probar los aceites antes de su uso, puesto que podemos resultar alérgicos o hipersensibles, y reaccionar con mareos, fiebre y convulsiones. Como decía, hemos de diluir las esencias, pues podemos reaccionar a ellas con inflamación y urticaria. Antes de utilizar cualquier aceite esencial, haremos una sencilla prueba colocándonos una gota en la cara interna del codo, lo taparemos y esperaremos entre una y dos horas para asegurarnos de no acusar ninguna reacción.

Cuando vayamos a exponernos al sol, evitaremos usar en la piel esencias como la de la bergamota, la verbena o cítricos, ya que son fotosensibilizadores. Y, durante el embarazo, no usaremos salvia, menta poleo, tomillo, hisopo, albahaca, mejorana o mirra, y evitaremos absolutamente la ruda, pues es abortiva.

Principios activos

La belleza de una flor proviene de sus raíces.

Ralph Waldo Emerson

Seguro que alguna vez has leído o escuchado que tal o cual producto —cosméticos, alimentos, medicinas…— contiene unos principios activos concretos, y quizá te has preguntado a qué se refiere exactamente.

Los principios activos son las sustancias químicas de la totalidad de la planta que se pueden aprovechar terapéuticamente. Las plantas se alimentan, crecen y reproducen a través de una serie de reacciones químicas a partir del agua que absorben de la tierra, el dióxido de carbono que captan del aire y de la energía de la luz del sol. Con este proceso, llamado fotosíntesis —reacción química que se da gracias a la clorofila, solo presente en el reino vegetal—, producen glucosa y almidón, elementos que se combinan con las sales minerales que sustraen del suelo y que les permite sintetizar los llamados principios activos.

Como ya comentábamos con los aceites esenciales, la cantidad de principio activo que contiene una planta dependerá de diversos factores, desde la estación, el momento del día y el clima, hasta la edad de la planta, el momento del ciclo reproductor en que se encuentre o la parte del vegetal que utilicemos, así como el método de recolección y cómo lo procesemos —no es lo mismo una solución hidroalcohólica que un ungüento, una sopa o una poción—.

En capítulos anteriores, hemos hecho un breve recorrido por la historia y hemos comprobado que el ser humano ha hecho uso de los principios activos de las plantas desde sus inicios, incluso antes de documentarlo por escrito —algo que sabemos por los restos arqueológicos encontrados—. Existen evidencias de que ya en Babilonia, alrededor del 2800 a. C., aprovechaban las propiedades de ciertas plantas hervidas con cenizas y grasas para su higiene. De hecho, la medicina que conocemos no existiría si no fuera por el conocimiento del reino vegetal que se ha ido acumulando durante siglos a lo largo y ancho de todo el globo.

La antigua farmacopea aprovechaba estos principios activos directamente de las plantas en sus formulaciones. Y, si nos fijamos, las fórmulas farmacéuticas actuales están basadas en ellos, pues utilizan principios activos como la codeína, la efedrina, la cafeína, la acetilcolina, la quinina o la salicilina, por decir algunos. Y, por supuesto, todos los antibióticos como la penicilina, por ejemplo.

Los principios activos de las plantas son utilizados en tratamientos médicos, tanto en su forma natural como sintética; es decir, a través de un proceso que da como resultado los medicamentos que nos suelen prescribir cuando acudimos al médico. Ahora bien, el cuerpo reconoce qué moléculas son sintéticas y cuáles son naturales y, según numerosos estudios clínicos, la medicina natural, desde el punto de vista de tolerancia/resultados, es superior y provoca menos reacciones adversas, con respecto a la sintética.

Diversas investigaciones han demostrado que el uso del extracto de la planta es más efectivo que los medicamentos sintéticos por un motivo muy simple, puesto que el vegetal concentra la suma de todos sus principios activos, no los aísla. Y es que la fuerza curativa y su potencia mágica residen en el carácter de la planta y en la variedad de sus principios activos, que son distintos en cada ejemplar, puesto que se sintetizan y almacenan durante su vida y esto dependerá de los factores mencionados anteriormente.

En el vegetal, un principio activo concreto viene acompañado por otras moléculas que moderan y complementan su actividad. De modo que, cuando lo aislamos, este tendrá una acción más potente, pero también tendrá más reacciones adversas. No todos los productos derivados del metabolismo de las plantas sirven para propósitos medicinales, pero sí mejoran o ralentizan la absorción, por ejemplo.

Así, cuando tomamos la planta entera, la acción de sus principios activos se completa por los fitocomplejos, constituidos por otras moléculas —que en apariencia están inactivas— y las sustancias llamadas coadyuvantes.

Este no es un manual de fitoterapia, ni de cosmética natural, sin embargo, resulta interesante conocer algunos de estos principios activos, que describo a continuación:

* Las vitaminas son responsables del correcto funcionamiento de nuestro organismo. La mayoría de las plantas las contienen y los vegetales son la principal fuente de donde las extraemos, puesto que no podemos producirlas y son indispensables para nuestra salud y desarrollo. Algunas de ellas son la vitamina C, que encontramos en los cítricos y la ortiga; la vitamina A, presente en la zanahoria, la alfalfa y las frambuesas, y la vitamina E, que encontramos en los berros.

* Los minerales son reconstituyentes e imprescindibles para nuestro organismo. Encontramos sílice en la cola de caballo, potasio en el diente de león y la alcachofa, calcio en la borraja y hierro en la ortiga.

* Los azúcares más comunes son la glucosa, la fructosa y la sacarosa, que utilizamos como fuente de energía básica. Los encontramos principalmente en los frutos como los arándanos, las fresas, las manzanas… ¡Tenemos mucho dónde elegir!

* El almidón es un hidrato de carbono con alto poder energético, ya que libera glucosa. Además es antiinflamatorio.

* Los mucílagos son unas sustancias que protegen y lubrican las mucosas —vías respiratorias, aparato digestivo y excretor—. Evitan la irritación, la acidez y la inflamación, por lo que son ideales en caso de laringitis, bronquitis, gastroenteritis, etcétera. Algunas de las plantas donde podemos encontrarlo son la malva, el tilo y el llantén.

* Los taninos tienen acción cicatrizante, antiséptica y astringente, y podemos encontrarlos en las hojas del nogal y del hamamelidáceo, en las flores de la milenrama y en el escaramujo.

* Los aceites esenciales, de los que ya hemos hablado largo y tendido, suman a las propiedades generales de la planta efectos antisépticos, antibióticos, antivíricos, antiinflamatorios o inmunoestimuladores; son regeneradores celulares y también pueden ser relajantes y estimulantes de la circulación sanguínea.

En el siguiente capítulo hablaremos de los métodos de extracción de los principios activos de las plantas, ya que la concentración dependerá del tipo de extracción; ya sea por calor, mediante maceración o moliendo las hojas y creando una pasta.

Conceptos prácticos

Elige solo una maestra: la Naturaleza.

Rembrandt

Los cuentos de hadas y las historias sobre brujas nos hablan de pociones capaces de curar cualquier enfermedad o causar la muerte, mencionan filtros de amor que subyugan a quien sea la fuente de tu deseo, y son protagonizados por magos y alquimistas que buscan el elixir de la vida eterna... Los tratados de magia negra, por su parte, conjuran alrededor de una olla al fuego vivo, con botes que contienen uñas de nuestros enemigos, mechones de pelo, partes de animales y todo tipo de hierbas y hongos que, supuestamente, invocan el favor de espíritus y divinidades de los avernos... Y, es más, durante el s. XIX, era común que mercaderes viajaran de un pueblo a otro, durante las ferias y días de mercado, ofreciendo panaceas que curaban y conjuraban cualquier cosa que uno llegara a desear.

Desde tiempos remotos, una de las metas de los alquimistas ha sido encontrar el elixir de la vida, un remedio capaz de curar cualquier enfermedad y, además, alejar la muerte. En sus investigaciones en busca de dicho elixir, lograron grandes descubrimientos y avances en el campo de la medicina.

La alquimia nació en el antiguo Egipto y floreció durante el periodo helenístico en Alejandría, al tiempo que se desarrollaba también en China. Buscaban, como decía Aristóteles (384-322 a. C.), la máxima que asegura que todas las cosas tienden a la perfección y, como consideraban el oro como el metal más perfecto por su relación simbólica con el sol, creían que todo, correctamente purificado y refinado, se convertiría en ese material. Es curioso que, también los vedas, en la India, vincularon el oro con la vida eterna. De hecho, es posible que, tras la invasión de Alejandro Magno, fuera esta creencia la que condujo tanto a China como a los griegos a pensar de este modo sobre el mineral. En la antigua China se creía que ingerir ciertos minerales alargaba la vida, y el oro era considerado especialmente poderoso en este proceso.

En Arabia floreció la escuela de farmacia y la medicina. Creían en el potencial de la transmutación y sus técnicas los llevaron a descubrir nuevos métodos y sustancias. Fue la ciencia árabe la que, a través de Al-Ándalus, llevaría la alquimia a Europa.

Con Paracelso y su teoría de los humores —según la cual la enfermedad es un desequilibrio que procede del exterior—, se idearon diversos remedios de defensa.

Así pues, una poción —término que deriva del latín *potio*, 'bebida medicinal', que a su vez deriva de *potare*, 'beber'—, es una medicina o veneno líquido que se bebe; una mezcla de elementos que suele tener un uso medicinal. Antiguamente existían pociones tónicas, estimulantes, antiespasmódicas..., dependiendo de los componentes que se utilizaran en la mezcla.

Infusión y decocción

Infusión

Las tisanas o infusiones son bebidas a partir de las partes aéreas y blandas de las plantas, tales como las hojas, las flores, los frutos y los tallos. Es quizá la manera que tenemos más interiorizada, pues ¿quién no ha tomado una infusión de manzanilla cuando le dolía la tripa? También es la forma más sencilla de extraer los principios activos de las plantas.

Estos brebajes son medicinales y mágicos, con ellos combatimos el frío en invierno y el calor en verano —las tisanas calientes provocan la sudoración y refrigeración del organismo, y en frío nos refrescan y sacian la sed—, nos ayudan a mantener nuestro equilibrio hídrico y nos despiertan o relajan según la mezcla y necesidad.

Para hacer una infusión podemos utilizar planta fresca y seca, incluso las dos, pero es recomendable que utilices plantas compradas a granel o recogidas por ti misma, no las típicas bolsitas de supermercado, por la baja concentración de planta que se encuentra en ellas —y si las usamos, debemos tener en cuenta que las bolsitas o filtros sean de fibras biodegradables, pues de lo contrario pueden desprender sustancias tóxicas—. Además, ¡el sabor no tiene comparación!

Por consejo de mis maestros, neumólogos y astrólogos, siempre escojo un número impar de plantas para mis preparados. Para la gran mayoría de fines medicinales se recomiendan unas tres tazas de infusión al día.

Cada planta tiene su tiempo y recomendaciones, pero las plantas que comentaré en este manual son especies botánicas que encontrarás fácilmente y que puedes utilizar sin miedo a equivocarte, siguiendo los consejos de estas páginas. Por lo general utilizaremos 2 cucharadas de hierba fresca o 1 de planta seca —si es una planta con propiedades activas más fuertes, como la flor de amapola, solo se usará una cucharada de postre rasa— por cada 2 o 2 ½ tazas de agua.

Cuando hablamos de preparados con varias plantas, solo es necesario preparar la mezcla, que puedes reservar en un bote de vidrio o cajón de madera si son secas, y en una bolsa de tela natural si son frescas. En seco podrás guardarla durante mucho tiempo, pero frescas deberás tomarlas ese mismo día o, como mucho, al día siguiente. De esa mezcla es de donde tomarás las cucharadas soperas para tu tisana.

Preparar una infusión es tan sencillo como llevar agua a ebullición —en un cazo o en una tetera que no sean de aluminio— y, con el fuego ya apagado, verter la cantidad de planta recomendada en el agua caliente para después taparla. Dejamos infusionar de 3 a 5 minutos, la colamos y bebemos el líquido resultante.

También podemos prepararlas en una cafetera con émbolo, poniendo las hierbas y vertiendo el agua hirviendo sobre ellas. Lo dejamos reposar y bajamos el émbolo, quedando la infusión lista para servir.

Una tisanera también es muy útil. Se trata de una taza que lleva incorporado su propio colador y tapa. Así solo es necesario colocar las hierbas en el colador, añadir el agua hirviendo y tapar. Esperar el tiempo necesario y retirar el colador. Las tapas suelen estar preparadas para hacer el servicio de platito donde dejar el colador mientras disfrutamos de nuestra infusión.

Es recomendable beberla caliente y recién hecha para aprovechar todos sus principios activos, sin embargo, puedes guardarla en la nevera hasta 24 horas.

Decocción

Para las partes duras de la planta utilizaremos el método denominado «decocción». La infusión no es suficiente para extraer los principios activos de partes como la corteza, rizomas o las raíces, por lo que hemos de hervirla para extraerlos.

La decocción sigue el mismo proceso que la infusión, pero se mantiene la planta hirviendo en el agua entre 5 a 20 minutos antes de apagar el fuego y dejarla reposar, tapada, otros 15 minutos.

Este método utiliza más cantidad de planta, unas 2 cucharadas por taza de agua.

Pasado el reposo, la colaremos y, preferiblemente, la consumiremos caliente.

Las partes duras de la planta las recogeremos durante el otoño. Una vez secas, separaremos las raíces, rizomas y corteza del resto de la planta, las lavaremos concienzudamente y las cortaremos en trozos pequeños, para guardarlos en tarros y poder utilizarlas en nuestros preparados.

Tanto infusiones como decocciones —incluso la mezcla de ambas, pues en ocasiones queremos mezclar las propiedades de las partes duras de una planta y las tiernas de otra— podemos endulzarlas con un poco de regaliz o miel, pero nunca añadiremos azúcar. También podemos mejorar el sabor con trocitos de jengibre fresco o rodajas de limón.

Breve teoría del color

La luz es una de las energías esenciales del universo y se transmite por medio de rayos emitidos o reflejados por los propios astros. La luz cósmica es blanca y contiene todo el espectro cromático en sí misma. La luz es la que nos permite reconocer lo que nos rodea y, además, es fuente de calor y vida. En ausencia de la luz, reina la oscuridad, donde no reconocemos ni distinguimos lo que nos rodea.

El blanco contiene en su seno todos los colores y cada uno de ellos vibra de forma particular, influyendo en las cosas que irradia. La creencia de que cada color tiene cualidades determinadas es muy antigua y, más allá de que el blanco simbolice popularmente la pureza y la claridad mientras que el negro se pueda asociar a la adversidad o la confusión, cada tonalidad posee una carga energética que influye en el entorno y las personas.

De la misma manera que una prenda de un color determinado, pintar el dormitorio o encender una vela de ese tono pueden proporcionarnos unas vibraciones que nos ayuden a sentirnos mejor, en los preparados con plantas nos pasa igual, pues ¿qué hay más colorido que un campo en primavera? Las combinaciones de los colores primarios dan lugar a otros tonos que pueden resultar muy interesantes en determinados momentos. De este modo, aprovecharemos las propiedades cromáticas siempre que sea posible en nuestros preparados con hierbas mágicas.

Breve tabla cromática:

★ Rojo: es uno de los más fuertes del espectro cromático y rige el valor, la tenacidad y los esfuerzos físicos y mentales. El rojo favorece las pasiones intensas y la atracción. Para temas amorosos que tengan que ver con los sentimientos es mejor recurrir al rosa. El rojo nos ayuda en cambios y situaciones nuevas, arriesgadas y difíciles, nos permite soportar y capear temporales. Es el color del primer chakra y del lunes.

★ Naranja: es el color de la fuerza vital y de la salud. Nos ayuda a recuperarnos física y anímicamente. Favorece la energía sexual y la sensualidad en general, nos ayuda a superar depresiones y angustias, y promueve el disfrute de la vida. Ante conjuros familiares y de vínculos, así como para viajes y competiciones, este es nuestro color. Es el color del segundo chakra y del martes.

* Amarillo: es el color del éxito y del poder sobre la materia. Es un color protector, que previene el desgaste. Es interesante utilizarlo cuando hemos de tomar una decisión importante o para proteger aquello que acaba de entrar en nuestra vida. También podemos utilizarlo para revertir una situación adversa o solucionar un problema, y en la salud nos ayudará mucho combinarlo con verde. Es el color del tercer chakra y del miércoles.

* Verde: es un color que nos sirve para múltiples situaciones. Destaca su relación con la salud y su conexión con el poder de la naturaleza. Llama a la calma interior y al equilibrio emocional. Es el color del cuarto chakra —este puede vibrar de color verde o rosa— y del jueves.

* Azul: domina los aspectos espirituales y trascendentales de la vida, pero también la mente y el intelecto, así como la comunicación. Hay que vigilar su fuerza y equilibrarlo con colores cálidos. Ideal para potenciar la creatividad literaria y artística, para cuestiones filosóficas y espirituales. Cuando nos encontremos en un momento de vacío existencial en que nos preguntemos por el sentido de nuestra vida o busquemos en nuestro

pasado, incluso en otras vidas, este será nuestro color. El azul es el color del quinto chakra y del viernes.

* Violeta: es un color frío que favorece el entendimiento positivo y la calma. Solo se utiliza en combinación con otros tonos, por ejemplo, para recuperar el equilibrio emocional. Muy apropiado en situaciones dolorosas o ante la muerte de un ser querido. Nos permite sanar enfermedades nerviosas y mentales, así como fobias. El violeta combinado con el verde nos aportará el equilibrio que casi todas las situaciones requieren. Es el color del sexto chakra y del sábado.

* Índigo: puede que lo conozcamos como añil, lila, morado o malva, sea como fuere, este es un color de vibraciones delicadas que puede ayudarnos en cuestiones amistosas, familiares e incluso platónicas. Puede reemplazar al violeta y al azul en caso de duda, pues sus vibraciones son mucho más sutiles, pero aporta la fuerza en ambos. El índigo es un color apropiado contra el dolor y para cuando queramos relajarnos. Es el color —junto al blanco luminoso— del séptimo chakra y del domingo.

Esta breve tabla cromática podremos utilizarla más adelante, cuando hablemos de las velas que nos interesa utilizar en nuestros hechizos y rituales.

Ungüentos

Los ungüentos —también llamados «bálsamos» o «pomadas»— son preparados con propiedades medicinales, cosméticas y mágicas que aprovechan las propiedades grasas de algunas sustancias para aplicar los principios activos de las plantas en la piel.

El término *ungüento* proviene del latín *unguentum*, que deriva de *ungere* y se refiere a algo que se unta, se aplica y absorbe por medio de la piel. Suele usarse para aliviar, calmar y curar desde erupciones y sarpullidos, hasta raspados, quemaduras y heridas, pero también tienen otras aplicaciones.

Esta forma medicinal es muy antigua y, en la Edad Media, existían entre los mercaderes especialistas llamados «ungüentarios», que comerciaban con estos preparados.

Las cremas que todos conocemos contienen agua en su composición, mientras que los bálsamos, no. Estas mezclas, hechas de sustancia grasa y plantas, se aplican por uso tópico y no se diluyen con las secreciones de la piel, formando así una capa protectora.

En mi caso, suelo utilizar cera de abejas y aceites vegetales, como el de almendras, ambos fáciles de conseguir, de aroma y textura agradables, que impermeabilizan la piel, y no reaccionan con las propiedades de las plantas que podamos añadir.

La piel sufre continuamente cuando está en contacto con el exterior, ya sea por los cambios de temperatura, el viento, el sol o la contaminación. Nuestras manos y rostro siempre están expuestos y debemos protegerlos.

Las manos y los labios han de estar bien hidratados y protegidos, pues los labios están húmedos y las manos son nuestro medio de trabajo y han de manejar todo tipo de utensilios y sustancias. Nuestra piel, igual que las partes tiernas de las plantas, necesita combatir todas las inclemencias y la mejor manera es cubrirlos con algo que los mantenga hidratados y los aísle, y esta es la función de los lípidos o cera que añadimos en las pomadas: una barrera natural que permite la entrada al torrente sanguíneo de las propiedades activas de las plantas del preparado y evita la entrada de hongos, bacterias, agentes irritativos y contaminantes, así como los cambios de temperatura.

LA SALUD
DE TU FAMILIA
EN TUS MANOS

La naturaleza no es un lujo,
sino una necesidad del espíritu humano,
tan vital como el agua o el buen pan.

EDWARD ABBEY

Mantener nuestra salud y la de aquellos a los que queremos y están a nuestro lado es una tarea que a veces se nos puede escapar, pues no siempre tenemos los conocimientos y la experiencia para ello; sin embargo, existen distintas maneras, sencillas y cercanas, de mantener nuestro cuerpo energético a punto y, en consecuencia, nuestra mente, emociones y cuerpo físico en estado óptimo.

Si estás leyendo este libro, muy probablemente ya conozcas algunos de esos trucos que podemos emplear a diario. En *Manual de Magia Moderna* encontrarás una sección dedicada a ello: la respiración consciente, la meditación y la visualización son algunas prácticas que nos permiten limpiar y reponer nuestra energía, además de concentrar nuestra atención y equilibrar nuestra psique y emociones.

Sin duda, como lo de dentro se refleja hacia afuera y viceversa, el ambiente en el que vivimos y trabajamos también ha de mantenerse limpio, energizado y protegido, algo que podemos realizar con rituales sencillos y plantas fáciles de conseguir.

Cuando hablamos de proteger y cuidar la salud, recurrir a la Madre Tierra siempre es el mejor consejo que seguir. Muchos pueblos creen que la naturaleza contiene una cura para cada mal, y es que las plantas son excelentes medicinas para todos nuestros cuerpos: energético, emocional, psicológico y físico. El mundo vegetal nos nutre, protege y cura. Y, como hemos visto, el ser humano ha recurrido a ellas desde el principio de los tiempos.

Si además contamos con plantas que crecen en nuestra casa y jardín —por sencillo que este pueda ser—, no solo nos resultará más fácil recolectarlas, sino que además vibrarán en sintonía con nosotras y armonizarán el ambiente en el que vivimos.

Para cuidar de nuestra salud también contamos con la sanación energética. La sanación por imposición de manos es algo que hacemos de forma inconsciente. Cuando nos damos un golpe o alguien a nuestro alrededor sufre dolor, llevamos las manos a esa zona. De aquí procedería, de una forma general, la idea que engloba el término «hombre medicina», originaria de los indios norteamericanos y que se refiere a aquellos capaces de utilizar el poder de la energía y la fuerza vital para sanar.

Esta es una forma de sanación muy ligada a las plantas mágicas y curativas, que se ha llevado a cabo desde tiempos inmemoriales. Yo aprendí de niña a hacerlo sin ningún tipo de iniciación. Mi maestro me explicó que éramos un canal por el que transita agua. Nuestro corazón, garganta y estómago son presas y, según el sentimiento con el que trabajemos, se abrirá una u otra, canalizando esa corriente por nuestras manos e incluso los pies. El agua entra caliente por debajo y fría por arriba, mezclándose en nuestro interior en un baño confortable que aporta paz y salud a todo nuestro ser.

Según yo aprendí de pequeña, todos nacemos con la capacidad de autosanarnos y de ayudar a los demás para que puedan hacer lo mismo. No se trata de que los curemos, sino de que les demos las herramientas para que puedan hacerlo por su cuenta.

Ahora bien, es importante canalizar bien esa energía, pues, si no lo haces correctamente, podrías acumular vibraciones negativas que podrían enfermarte. Mi maestro me enseñó a limpiar auras y canales, a desbloquear y energizar, y todo a través de las manos.

Existe un ejercicio muy sencillo que puedes realizar en casa y enseñar a los tuyos:

Tras respirar profunda y conscientemente hasta que todo tu cuerpo se relaje y tu mente quede en calma, siente la energía que entra y sale de ti. Percibe como te atraviesa, de arriba abajo, como te colma y rebasa. Siente esa energía cálida y vibrante que se acumula en tu pecho.

Deja que se llene la presa hasta que percibas que tu pecho está henchido. Después libérala, bajando por tus brazos hasta tus manos, y siente la vibración en las yemas de tus dedos, en la palma. Pon ambas manos en tus rodillas y percibe el calor que emana de ellas. Si las alejas unos centímetros seguirás sintiendo su temperatura y vibración.

Eso es la canalización de energía vital y universal.

Este tipo de imposición de manos puedes llevarla a cabo en ti mismo cuando sientas alguna molestia o dolor. Además, es inmensamente útil durante los rituales y hechizos, puesto que, al canalizar la energía a nuestras manos, podemos proyectarla hacia nuestros objetivos, tanto con el simple gesto de señalar, como con herramientas: una punta de cuarzo, una varita, un péndulo o un *athame* o cuchillo ceremonial.

Un botiquín verde

Como ya hemos aprendido en los primeros capítulos, las plantas pueden ayudarnos a vivir en armonía y bienestar, así como a aliviar malestares y dolencias que surgen a diario de forma natural: heridas, rozaduras, picaduras de insecto o quemaduras. Las plantas medicinales son fáciles de conseguir y utilizar, por lo que es imprescindible contar con un botiquín de primeros auxilios, con botes con algunas plantas básicas y ciertos remedios que podemos preparar en nuestras cocinas.

Algunas de las plantas que es interesante tener a mano:

* La manzanilla es una planta calmante que, además, relaja los nervios estomacales. Puedes utilizar la infusión, bien colada y en frío, para limpiar la piel irritada o inflamada, así como los ojos y los rasguños.

* La lavanda también es calmante y, además, cicatrizante. El aceite esencial diluido alivia quemaduras e irritaciones, así como picaduras de insecto. El aceite esencial de lavanda, así como el de menta piperita, alivia la tensión y los dolores de cabeza cuando damos un suave masaje en las sienes.

* La caléndula es antiséptica y cicatrizante. Se puede usar en tintura, pero también puedes preparar tu propia loción con la infusión de 1 cucharadita de flor de caléndula por ½ taza de agua, que servirá para limpiar y desinfectar quemaduras y abrasiones.

* La equinácea es una planta que puedes encontrar en tintura en farmacias y herboristerías por su poder antibiótico y por ser capaz de ayudar a nuestras defensas. Unas gotas de tintura diluida sirven para limpiar heridas y picaduras provocadas por insectos, animales y plantas urticantes.

★ El aloe vera crece y se reproduce con facilidad, incluso en macetas en nuestras ventanas. Es refrescante, calmante, cicatrizante, antibacteriana..., ideal para rasguños, rozaduras y quemaduras. Utilizaremos el gel del interior de sus hojas, que podemos poner directamente sobre la zona afectada o bien mezclándola con un poco de arcilla blanca e infusión tibia de manzanilla.

★ La consuelda es cicatrizante, antiinflamatoria y regeneradora celular. Machacando sus hojas frescas podemos preparar cataplasmas que colocaremos sobre contusiones, zonas ulceradas y esguinces.

★ El llantén menor es una planta medicinal con propiedades antihistamínicas y calmantes. Machacaremos sus hojas frescas para aplicarla después sobre la zona afectada, ya sea una irritación causada por picaduras, el sol o un rasguño.

Prepara tus propios ungüentos

En este apartado te contaré algunos preparados sencillos que podemos guardar en nuestro botiquín o nevera para poder aprovechar sus propiedades medicinales en momentos de necesidad.

Podemos preparar ungüentos de forma sencilla en nuestra propia cocina, tan solo hemos de tener en cuenta que, al ser caseros y totalmente naturales, hemos de vigilar dónde los guardamos para que no se estropeen, puesto que no llevan bien los cambios de temperatura.

Para empezar, necesitaremos una cazuela, una cuchara de madera, un recipiente de vidrio, un filtro de tela —los venden para hacer paquetitos de hierbas para los cocidos, pero también puedes utilizar una media—, una jarra, un par de guantes y un recipiente para guardar el ungüento una vez listo.

Los ingredientes para nuestro preparado serán 500 g de vaselina y 60 g de planta seca. Elegiremos la planta según nuestras necesidades:

* Pétalos de caléndula para la sequedad e inflamación de la piel.

* Flores de hipérico para los dolores de la ciática y los calambres.

* Flores de manzanilla para las irritaciones de partes delicadas e íntimas, los eccemas y las picaduras.

* Hojas de romero para los dolores, tanto de articulaciones como musculares.

* Hojas de melisa para picaduras y también como repelente de insectos.

* Hojas de menta para los dolores de cabeza —aplicado en las sienes y el entrecejo o tercer ojo—, expectorante —en el pecho— y como alivio para quemaduras.

* Raíces de malvavisco para las ulceraciones y heridas en la piel.

* Hojas de eucalipto para descongestionar y ayudar a la respiración.

Fundiremos la vaselina a baño maría y añadiremos la planta elegida. La mantendremos a fuego lento durante un par de horas. Usando los guantes para protegernos, filtraremos la mezcla, vertiéndola dentro de la jarra. Mientras esté caliente —pues la vaselina solidifica a temperatura ambiente— la repartiremos en los recipientes escogidos con ayuda de la jarra. La conservaremos en lugar fresco y seco.

Jarabe de malva

Es muy fácil de preparar y sabe tan rico que los más pequeños se lo tomarán sin problemas. Es fantástico contra la tos, para las afecciones pulmonares y las reacciones respiratorias alérgicas.

Utilizaremos unos 50 g de flores secas de malva por ½ l de agua. Haremos una infusión concentrada que colaremos muy bien y le añadiremos poco a poquito 2 tazas de miel, hasta que se disuelva bien —también podemos añadirle el zumo de un limón—.

Lo guardaremos en la nevera en un bote de vidrio, previamente hervido.

Aceite de lavanda

Como ya hemos visto, la lavanda es una planta muy valorada, tanto por sus propiedades medicinales como mágicas, pues actúa en todos nuestros cuerpos. Es muy complicado elaborar aceite esencial, pero sí podemos preparar un aceite aromatizado de lavanda en casa con el que podremos disfrutar de sus beneficios.

Podemos utilizarlo para aliviar la piel y para mejorar su hidratación y textura —este aceite nos ayuda en casos de dermatitis, psoriasis y acné—. También es ideal para tratar rasguños y quemaduras, y permite que la piel cicatrice mejor. Alivia el comezón de las picaduras de insecto e irritaciones por plantas urticantes. Mediante un masaje mejora los dolores reumáticos. Y es perfecto para aliviar estrés, tensión e insomnio.

Para hacer nuestro propio aceite necesitaremos un aceite base, como el de almendras dulces, y flores frescas o secas, según el gusto. Las frescas siempre ofrecen un aroma más potente, pero las propiedades en ambos casos son muy similares.

Necesitaremos un mortero —que utilizaremos solo para trabajar con nuestras plantas—, un bote de vidrio con tapa de rosca, un filtro, una botella o bote de color oscuro, aceite de almendras y 50/100 g de flores de lavanda.

Primero machacaremos las flores en un mortero. Verteremos el resultado en un bote de cristal con tapa de rosca —siempre herviremos los botes previamente— y añadiremos suficiente aceite base para cubrir todas las flores. Cerraremos el bote y lo dejaremos reposar en un lugar cálido entre 3 y 6 semanas, agitándolo de vez en cuando. Pasado este tiempo, filtraremos el aceite dentro de una botella o bote de un color preferiblemente oscuro.

Podemos guardarlo, en un lugar seco y oscuro, durante unos 6 meses.

Alivia vértigos y mareos

Los vértigos y mareos son molestos y a veces incapacitantes. Si bien es cierto que, si es insistente, debes acudir al médico pues puede ser alguna carencia o un problema del oído interno, existen algunos remedios caseros con ingredientes que fácilmente podemos tener por casa que pueden aliviarlos.

En primer lugar, los aceites esenciales de menta, jengibre, cítricos y lavanda ayudan a aliviar los mareos e incluso las náuseas. Unas gotitas en un pañuelo o en las muñecas, nos ayudarán a aliviar las molestias leves.

La infusión de raíz de jengibre es un buen remedio, que se puede tomar incluso estando embarazada. Si resulta muy fuerte para tu paladar, siempre puedes endulzarlo con un poco de miel y unas gotas de zumo de limón. Tomaremos una taza de té de jengibre dos veces al día para aliviar náuseas y vértigos.

El vinagre de sidra de manzana es un aliado tanto para limpiar el organismo como para mejorar el flujo sanguíneo, por lo que prepararemos un brebaje con dos partes de miel por una de vinagre y tomaremos una cucharada sopera cuando padezcamos de síntomas de vértigo o mareos.

Finalmente, si existe una planta medicinal indicada para mejorar el flujo sanguíneo al cerebro y, por tanto, que mejore la concentración y la memoria y aliviar el problema que estamos tratando, es el ginkgo. En este caso, como buscamos la concentración de la planta, podemos tomar cápsulas o tintura, disponible tanto en farmacias como en herboristerías.

Melito casero

El melito es una poción de salud, una solución líquida que aprovecha las propiedades de la miel y su consistencia para extraer los principios activos de la planta medicinal que nos interese.

La miel no solo tiene un sabor y textura agradables —aceptados hasta por los paladares más exigentes—, sino que además posee sus propias propiedades, que pueden variar según las plantas del ambiente donde se recoja, y nos aporta vitaminas, aminoácidos, enzimas y minerales. Es muy importante asegurarnos de que sea miel de calidad y evitar que le dé la luz directa del sol o que sufra cambios de temperatura.

Los melitos son ideales para tratar problemas bucales, de garganta y estomacales. Existen muchas variedades, pero aquí os comentaré dos: el de jengibre y el de zanahoria.

El melito de jengibre es una poción que nos llega desde la medicina tradicional china y ayuda a evitar males de estómago, náuseas y vómitos. Es antiinflamatorio, analgésico y estimula la circulación, por lo que también es ideal en caso de dolores de cabeza, especialmente los producidos por estrés y problemas estomacales, así como para la artritis. Asimismo, es ideal en caso de síntomas gripales; ¡una cucharada sopera tres veces al día hace milagros!

Viajamos del Lejano Oriente hasta Galicia para hablar del melito de zanahoria, una poción que se usa tradicionalmente contra los resfriados y problemas de garganta, aunque también es alcalinizante, aporta vitaminas que fortalecen la piel y las mucosas, es antidiarreico y es un remedio que podemos utilizar en niños muy pequeños y durante el embarazo.

Para preparar nuestro propio melito, primero pelaremos, lavaremos y cortaremos o rallaremos finamente la planta medicinal escogida, ya sea jengibre o zanahoria. En un bote de vidrio con tapa de rosca mezclaremos, más o menos a partes iguales, mitad de planta y mitad de miel; la miel debe cubrir el vegetal pero no rebasarlo.

Durante las siguientes 24 o 48 horas es bueno ir girando el bote, para que el líquido que irá exudando la mezcla, que es el melito, pueda ir apropiándose de las bondades de la miel y de la planta escogida. Después, no hace falta que separes el resultado, el melito puedes utilizarlo directamente del tarro y, una vez consumido, la zanahoria y el jengibre caramelizados se pueden comer, mantienen sus propiedades ¡y son deliciosos!

Salvavidas para épocas de estrés

Hay temporadas en que el estrés nos puede, se nos acumula el trabajo o nos sentimos exhaustas por los cambios de estación. En esos momentos, podemos aprovechar las propiedades de ciertas plantas para crear nuestro remedio adaptógeno, que nos ayudará a lidiar con el estrés.

Nos haremos con un bote de vidrio de color azul oscuro y en él mezclaremos 1 ml de aceite esencial de abeto negro, 1 ml de rosa, 0,5 ml de arbusto de Madagascar o katrafay, 0,5 ml de romero y 1 ml de mirto verde.

Cuando sintamos que necesitamos que nos echen una mano, nos pondremos una gotita en cada muñeca, tres veces al día y, en caso de que el estrés sea agudo, dos gotitas dos veces al día en la zona lumbar, por encima de los riñones.

Aceite para los golpes

Este aceite elaborado con hipérico o hierba de san Juan es un remedio tradicional que he utilizado desde que tengo memoria. Cuando te das un golpe, tienes un tirón muscular o un dolor articular, un masaje con este aceite resulta de alivio casi inmediato. Según la intensidad del dolor, haremos un masaje dos o tres veces al día.

Para su preparación necesitaremos unos 30 brotes florales de hipérico —recomiendo recogerlo la Noche de San Juan y secarlo en casa para preparar el macerado— y ½ l de aceite base de almendras u oliva.

Para la maceración, sumergiremos la planta en el aceite en el interior de un bote con tapa de rosca y lo dejaremos durante 20 días en un lugar fresco y oscuro. Una vez pasado este tiempo, tamizaremos el resultado en nuestro filtro de tela y lo conservaremos en una botella —preferiblemente de color amarillo o verde—. Podremos utilizarlo durante un año siempre que lo guardemos a temperatura ambiente, en un lugar oscuro donde no sufra cambios bruscos de temperatura.

Tintura de árnica

Otro remedio tradicional que aconsejo tener siempre a mano es la tintura de árnica. Este preparado es ideal para golpes sin heridas abiertas y también para torceduras. Al ser una tintura —una maceración hidroalcohólica—, en lugar de realizar un masaje, impregnaremos una gasa o algodón para después aplicar sobre la zona a tratar con suaves toquecitos, dos o tres veces al día.

Para su preparación precisaremos de una botella oscura donde guardarlo, 20 g de flores y raíces de árnica y alcohol de 60° para cubrir la planta.

Mezclaremos la planta con el alcohol y lo dejaremos macerar durante 10 días en un lugar fresco y oscuro. Una vez pasado este tiempo, lo filtraremos y podemos guardarlo a temperatura ambiente durante medio año, en un lugar sin cambios bruscos de temperatura y donde no le dé la luz del sol.

Tisanas: una cura para cada mal

Por supuesto, no podíamos olvidarnos del poder de las infusiones. Si bien podemos tomar cualquiera de las plantas antes citadas para guardar en nuestro botiquín verde, aquí os dejo algunos preparados que pueden resultaros útiles.

Energía a raudales

El romero, llamado «ginseng europeo», es un arbusto que podemos encontrar con facilidad durante todo el año en la cuenca mediterránea. Es estimulante e incrementa la circulación, por lo que nos ayuda a mantenernos concentradas y despiertas. Además, es un aliado contra la fatiga nerviosa.

Pondremos 2 cucharaditas de romero seco por taza de agua hirviendo. Lo dejaremos reposar de 2 a 5 minutos, según cuán fuerte nos guste, y lo beberemos caliente.

Esta es una infusión que no tomaremos por la noche.

Para una buena digestión

La menta es refrescante, antiinflamantoria, antibacteriana y analgésica. Si la combinamos con manzanilla, que tiene propiedades sedantes, nos encontramos con un brebaje perfecto para la digestión.

Tras comidas copiosas o cuando sintamos el estómago pesado, prepararemos una infusión con 1 cucharadita de manzanilla y 1 de menta seca por taza de agua hirviendo. Dejaremos reposar 3 minutos y beberemos caliente.

Esta es una infusión ideal para cualquier hora del día, pero es mejor que no la consuman niños menores de tres años.

Contra el resfriado

El fruto del escaramujo tiene ocho veces más vitamina C que la naranja. Si lo recogemos muy maduro, una vez limpio y sin semillas, podemos comerlo crudo. También podemos preparar una infusión que ayuda al sistema inmunológico y alivia los resfriados, suavizando la tos y reduciendo la fiebre.

Para la infusión necesitaremos escaramujos limpios y sin semillas y pétalo de rosa salvaje o mosqueta. Pondremos una cucharada de frutos y una cucharadita de pétalos por taza de agua hirviendo. Dejaremos reposar la infusión 5 minutos. Podemos endulzarla con miel y tomarla tanto en caliente como en frío, a cualquier hora, hasta tres tazas al día.

Para aliviar la tos

Seguro que, estando con un ataque de tos, más de una persona os habrá ofrecido un caramelo de miel y limón. Realmente, son ideales para combatir el dolor de garganta. Pero si además los combinamos con las propiedades de la salvia, ya tenemos una auténtica poción contra la tos.

Prepararemos una infusión con 1 cucharadita de hojas secas de salvia, 2 cucharadas soperas de miel y el zumo de un limón. Añadiremos 2 ½ tazas de agua hirviendo y dejaremos reposar la mezcla unos 20 minutos. Una vez colado, tomaremos la tisana en caliente; tres tazas al día hasta aliviar la tos.

Contra las infecciones

El tomillo es otra de nuestras plantas estrella, que podemos encontrar durante todo el año. Es una planta que alivia los síntomas de los refriados, los problemas estomacales y gases, y contiene antioxidantes y es desinflamante. Por si os parece poco, está demostrado que es una planta que nos ayuda a luchar contra infecciones y parásitos, ideal contra las infecciones de pecho y gripes intestinales.

Prepararemos una infusión con 1 cucharadita de tomillo seco —o 2 de tomillo fresco— por taza de agua hirviendo. Dejaremos reposar de 3 a 5 minutos y lo beberemos caliente, de dos a tres tazas diarias.

Para aliviar el malestar de la fiebre
Cuando el malestar de un resfriado o cuadro gripal se mezcla con la fiebre, existe una combinación de plantas que puede aliviarnos.

Prepararemos una mezcla a partes iguales de flor de saúco, manzanilla y menta, y utilizaremos 1 cucharadita de mezcla por taza de agua hirviendo. Podemos añadir un trocito de raíz de jengibre, una rodaja de limón y un poco de miel para potenciar su eficacia.

Tomaremos tres tazas de infusión caliente después de las comidas.

Para el descanso
Cuando la tensión de un largo día —o de todas las tribulaciones que pasan por nuestra cabeza— no nos permita descansar, tenemos dos plantas mágicas a las que podemos recurrir. La infusión de tilo y flor de saúco poseen un aroma y sabor que alivian la ansiedad y nos proporcionan confort.

Prepararemos una mezcla a partes iguales y pondremos 1 cucharadita por taza de agua hirviendo. Podemos endulzar con miel.

Tomaremos caliente, una hora antes de ir a dormir.

Fuera la tristeza
El hipérico es una planta mágica que, tradicionalmente, se recoge en la Noche de San Juan para protegernos de las energías negativas —un hatillo colgado del techo

de nuestra despensa o cocina y una ramita envuelta en un pañuelo de tela blanco en el bolsillo nos protegerán de malas influencias—. Entre sus propiedades, se ha demostrado que es un remedio efectivo contra la tristeza y la melancolía; en definitiva, un tratamiento contra la depresión —sin fármacos químicos—. Como alivia la ansiedad y la tensión, podemos encontrarla en preparados en las farmacias.

Utilizaremos 1 cucharadita de flores secas por taza de agua hirviendo, dejaremos reposar entre 3 y 5 minutos y tomaremos caliente, hasta tres tazas al día.

Erradicar el insomnio

Tu mente no deja de dar vueltas y, pese al agotamiento, no puedes pegar ojo. No te preocupes, tenemos una solución con plantas muy cercanas.

En un cazo o una tetera de émbolo, pondremos 1 cucharadita de flores de manzanilla, 1 de melisa y otra de verbena. Añadiremos 2 ½ tazas de agua hirviendo y dejaremos infusionar 20 minutos. Si necesitamos un empujoncito más hacia las tierras del sueño, añadiremos una cucharadita de raíz de valeriana a la mezcla. En caso de persistir, ½ cucharadita de pétalos de amapola serán la solución.

Tomaremos la tisana en caliente, después de cenar, y otra taza una hora antes de acostarnos. Podemos endulzar con un poco de miel.

TU GRIMORIO
DE BELLEZA

*Prefiero tener rosas en mi mesa que diamantes
en mi cuello.*

EMMA GOLDMAN

La belleza y la naturaleza siempre han ido de la
mano. Un paisaje bajo el esplendor de la primavera
nos maravilla, tal como hace la luna llena reflejada sobre
el mar en calma. Las ninfas se bañan, ocultas de miradas
indiscretas; son seres bellos que huyen de quien las per-
sigue enarbolado de deseo, para convertirse en un esbelto árbol. Las hadas sueñan al abrigo de las flores de saúco
y la juventud tiene su símil en las flores.

La interrelación entre el ser humano y la naturaleza
nos permite encontrar alimento, cura y alegría en brazos
de la Madre Tierra y, al igual que podemos aprovechar
las propiedades de las plantas para usos medicinales,
así como sus espíritus y energía para realizar magia, el

mundo vegetal también puede ser nuestro aliado a la hora de cuidar nuestro aspecto, la salud de nuestra piel o cabello y así reflejar hacia afuera todo el bien que nos hacen por dentro.

Algunas de las plantas que ya tenemos en nuestro botiquín de primeros auxilios serán también grandes aliadas en nuestro rincón de belleza.

* La lavanda tiene propiedades adaptógenas, de manera que nos permite estabilizar ciertos procesos fisiológicos. Podemos utilizar su aceite esencial diluido en una base de almendras —o bien el aceite de lavanda que nosotras mismas hemos preparado— para aliviar la irritación en el cuero cabelludo, así como la caspa.

* La caléndula calma, suaviza y descongestiona la piel, así que es ideal para limpiar y cuidar las pieles más sensibles, como la de los bebés. Con un masaje de aceite de caléndula ayudamos a la regeneración de la dermis, pues estimula la síntesis del colágeno.

  Para preparar un tónico casero que puede ayudarnos a mantener nuestra piel limpia e hidratada después del maquillaje o de un día bajo el sol, podemos preparar una infusión con 8 cucharadas de pétalos de caléndula por taza de agua hirviendo, que dejaremos reposar entre seis y siete horas antes de filtrar y guardar en una botella de color amarillo o naranja.

* Otra de las plantas que encontraremos tanto en nuestro botiquín como junto a nuestros productos

de belleza es el aloe vera, con el que combatiremos manchas, estrías, acné o puntos negros. El aloe ayuda a la formación de colágeno y elastina, además de mantener la piel hidratada y nutrida. Podemos aplicarlo directamente sobre la piel —extrayendo el gel de su interior, vigilando siempre de hacernos con el transparente y dejar la parte más translúcida, de alrededor de la piel verde del vegetal— o preparar un gel limpiador mezclando 2 cucharaditas de aloe con 1 de aceite de almendras y 10 gotas de extracto de caléndula. Esta mezcla se aplica con un suave masaje en el rostro y se retira con agua.

★ Otra planta que también nos interesa tener a mano es la rosa mosqueta, perfecta para cuidar y borrar cicatrices y, por ende, para combatir manchas. Asimismo, previene las estrías y atenúa las arrugas, pues es regeneradora e hidratante en profundidad por su contenido en ácidos grasos esenciales, así como retinol, vitamina C y betacarotenos.

Podemos aprovechar sus beneficios añadiendo una gotita de aceite esencial en nuestra crema hidratante diaria. Si sentimos la piel seca, también podemos prepararnos una mascarilla con un plátano maduro, que trituraremos hasta hacer puré, y al que añadiremos 1 cucharadita de aceite esencial de rosa mosqueta y 1 de miel. Extenderemos la mezcla por rostro y cuello, esperaremos 15 minutos y la retiraremos con agua.

★ El árbol de té es una planta medicinal que ha sido utilizada por los pueblos aborígenes de Australia desde hace siglos. Hoy en día, es el típico remedio que se utiliza para limpiar y evitar a los temidos piojos en las escuelas y la mayoría de los preparados contra estos parásitos contienen su aceite esencial. Pero sus propiedades no se quedan ahí, puesto que es un poderoso aliado contra la mayoría de las afecciones de la piel, tales como la caspa. Por ejemplo, podemos preparar un remedio para regular las secreciones sebáceas y la irritación del cuero cabelludo añadiendo 50 gotas de aceite esencial a nuestro champú diario.

★ La salvia, una planta de la que hablaremos en más de una ocasión, es una amiga vegetal protectora; de hecho, su nombre proviene del latín *salvus* 'sano y salvo'. Es una planta rica en aceites esenciales, antiséptica, relajante, antiinflamatoria y un largo etcétera, lo que la convierten en una aliada magnífica. La infusión de salvia se utiliza empapando una toalla que pasaremos por el cuerpo, para refrescar la piel y regular la sudoración —en momentos de mucha fiebre, unas compresas empapadas en infusión fría de salvia, colocadas en muñecas y tobillos, ayudarán a aliviar la sintomatología—.

Limpieza con vinagre de sidra de manzana

Ya hemos comentado anteriormente los beneficios del vinagre de manzana para nuestro organismo y no hemos de olvidar que la belleza es un reflejo de nuestra salud. Una persona que sufre de malas digestiones, que tiene problemas hepáticos o no descansa, por mucho que se provea de las mejores cremas y mascarillas, no podrá evitar mostrar lo que le hace padecer.

Hoy en día es fácil encontrar vinagre de sidra, no hace falta que lo elaboremos en casa, pero es preciso que nos aseguremos que es puro y orgánico. El consumo diario de dicho vinagre ayuda a regenerar el organismo, mantiene el cuerpo limpio y nos aporta vitaminas, sales minerales y enzimas. Es un excelente desintoxicante y renueva nuestra flora intestinal, nos ayuda ante enfermedades hepáticas, evita el estreñimiento y las infecciones de orina, disuelve los depósitos de calcio, por lo que también alivia dolores musculares y por artritis. Mejora nuestra circulación, por lo que estabiliza la presión arterial.

Con 2 cucharadas soperas al día, que podemos consumirlas en las ensaladas o en un vaso de agua, tendremos suficiente. Pero si además queremos adelgazar un poco, el vinagre de manzana nos ayudará a evitar el sobrepeso y eliminar la celulitis. Tomaremos 2 cucharadas de vinagre en un vaso de agua tres veces al día. Haremos descansos de una semana cada 15 días y evitaremos seguir esta rutina más de 3 meses seguidos.

Depuración con ortigas

Después de una larga temporada de inactividad, nuestro organismo tiende a acumular toxinas y se ha demostrado que la ortiga verde es la reina de las plantas depurativas y remineralizantes cuando se trata de prepararnos para el buen tiempo o desintoxicarnos tras un periodo hibernando.

Las ortigas tienen su truco, es preciso recogerlas con guantes y lavarlas bien con agua fresca para después secarlas en un lugar fresco y aireado para eliminar su efecto urticante. En un día estarán perfectas para tomar en infusión o preparar ricas tortillas.

Para realizar nuestra depuración prepararemos una infusión con hojas frescas de ortiga; necesitaremos un buen puñado cada 2 tazas de agua hirviendo. Dejaremos reposar, con el cazo tapado, durante 10 minutos y lo colaremos.

Tomaremos una taza de infusión tres veces al día durante una semana. Podemos tomarla tanto fría como caliente.

Baños para diosas

Si hay un icono de la belleza, rozando la divinidad, esa es Cleopatra (69-30 a. C.). La imagen de sus baños y rituales son parte de nuestra iconografía mental asociada a la idea lunar de belleza. Y ¿qué hay más agradable tras un día agotador que un baño caliente? Sumergirnos en el agua a buena temperatura con un aroma agradable nos permite desconectar y escapar de aquello que se nos impone externamente. Realizar un baño ritual es tan sencillo como encender unas velas blancas y una varilla de incienso, poner música ambiental, apagar la luz y desnudarnos para dejarnos mecer por las aguas.

Si además añadimos sales de baño, estamos ofreciendo a nuestro cuerpo todas las propiedades de sus componentes, a la vez que resultan terapéuticas por sus aromas. Es por ello por lo que elaboraremos nuestras propias mezclas, que podemos guardar durante años, en un lugar seco y oscuro, dentro de un recipiente de vidrio bien tapado.

Para preparar nuestras sales de baño precisaremos sal del mar Muerto, que puedes comprar en herboristerías y tiendas especializadas. A estas sales les añadiremos aceites esenciales para potenciar sus beneficios gracias a las plantas mágicas empleadas. La sal la mezclaremos bien en un bol de cerámica o vidrio con los aceites antes de guardarlos en un recipiente hermético.

Para un baño de lavanda utilizaremos 400 g de sal a la que añadiremos 4 gotas de aceite esencial de lavanda y 2 gotas de salvia. Si preferimos uno con el aroma y las propiedades de las rosas, añadiremos a 300 g de sal, 5 gotas de aceite esencial de rosa y 100 g de pétalos secos de rosa.

Estos dos baños son relajantes, pero si precisamos un baño para activar la circulación e hidratar la piel no hay nada como unas buenas sales de romero. Para prepararlas añadiremos a la sal 100 g de romero seco, 40 g de leche en polvo y 3 gotas de aceite esencial de romero.

Y para un baño que aúna los efectos revitalizantes y calmantes, podemos mezclar la sal con 3 gotas de aceite esencial de menta y 2 gotas de aceite esencial de naranja.

Jabones *hand made*

Nuestros antepasados aprendieron a hacer jabón con cenizas y grasa; con él podían mantener la higiene de sus cuerpos y de sus prendas y hogares, lo que terminó con muchas enfermedades. Estos jabones se refinaron gracias a la experimentación con distintos aceites vegetales, aceites esenciales e incluso colores con pétalos de flores.

La diferencia entre un jabón industrial y uno artesanal es que, en la reacción química que se produce durante la saponificación, se producen el jabón y la glicerina. En el jabón casero, la glicerina es parte del jabón y esta tiene propiedades emolientes que mantienen la hidratación de la piel, mientras que en el proceso industrial los separan —para vender la glicerina como materia prima para otros usos— y esto provoca que sea un jabón que seca la piel y elimina la flora bacteriana que protege la misma. Además, los jabones industriales suelen fabricarse con grasas de origen animal, puesto que son más baratas.

Por todo ello, y para aprovechar completamente los beneficios de un buen baño, te propongo cómo hacer tus propios jabones caseros.

Para hacer jabón necesitarás un aceite vegetal y sosa, además de una olla de buenas dimensiones, una cuchara de madera, guantes y mascarilla —recordemos que la sosa emite gases irritantes y es cáustica—, moldes con la forma que queramos darles al jabón y algunos extras que podemos añadir para dar más vida —y magia— a nuestras pastillas.

En primer lugar, elegiremos el aceite vegetal que utilizaremos: aceite de oliva, que es nutritivo, ligero y cremoso; aceite de coco, perfecto tanto para la piel como para el pelo, o aceite de almendras, con el que conseguiremos un jabón muy suave.

Elaboración:
Necesitaremos 2 l de aceite por 2 l de agua y 400 g de sosa cáustica —que puedes comprar en droguerías, herboristerías y tiendas especializadas—.

Primero nos protegeremos con guantes y mascarilla. Si es posible, mantendremos alguna ventana abierta para evitar los gases que emite la reacción química.

En una olla disolveremos la sosa en el agua y añadiremos después el aceite vegetal escogido. Mezclaremos hasta que se forme el cuajo, momento en el que el jabón comienza a espesar y podemos añadir los aceites esenciales, infusiones de plantas, etcétera.

En este momento podemos incorporar el aceite esencial que más nos guste o 3 cucharadas de arcilla blanca, perfecto para pieles grasas, el gel de un par de hojas de aloe para pieles agrietadas o expuestas al sol, o infusiones que habremos preparado previamente —las habremos dejado reposar unos 30 minutos y filtrado antes de añadirla al preparado—. Tanto las plantas como aceites esenciales ya mencionados en este capítulo son ideales para elaborar nuestros propios jabones mágicos.

A continuación, verteremos el resultado en los moldes. En unas 24 o 48 horas el jabón debe estar totalmente solidificado, pero todavía hemos de dejarlo reposar un mes para que elimine los restos de sosa.

Gel hidratante para ninfas modernas

Después de un buen baño no hay nada mejor que hidratar la piel en profundidad.

En este preparado podemos aprovechar el aceite de lavanda que hemos explicado antes. Sin embargo, si queremos uno con propiedades diferentes y combinadas, podemos macerar 1 cucharada sopera de flores de caléndula, 1 cucharada de flores de manzanilla, 1 de flores de malva y 1 de hojas de romero en 2 ½ tazas de aceite de almendras dulces, preparado que dejaremos reposar durante 20 días en un lugar fresco y oscuro, y que después filtraremos y guardaremos en un tarro de color amarillo hasta su utilización.

Para preparar nuestro gel extraeremos la pulpa del interior de 1 hoja grande de aloe vera y la machacaremos hasta que quede bien triturada. Añadiremos 3 cucharadas de nuestro aceite de flores, lo mezclaremos y, sin dejar de batir, añadiremos 2 cucharadas de arcilla blanca. Finalmente añadiremos a la mezcla 30 gotas de aceite esencial de lavanda y mezclaremos bien antes de guardar en un tarro bien cerrado.

Podemos guardarlo en la nevera durante un mes.

Los labios de Afrodita

Los labios son una zona delicada de nuestra piel que, lamentablemente, olvidamos en demasiadas ocasiones. Para proteger e hidratar en profundidad esta zona, podemos elaborar nuestro propio bálsamo labial.

Necesitaremos un recipiente de vidrio apto para microondas, una cuchara de madera, un bote con tapa para guardar el bálsamo, 12 g de manteca de karité, 6 g de cera de abejas, 6 g de manteca de cacao, 2 ml de aceite de almendra y 2 gotas del aceite esencial que prefieras —mi recomendación es el de rosa mosqueta—.

Añadiremos todos los ingredientes, excepto el aceite esencial, en el recipiente de vidrio y lo meteremos en el microondas. Lo elevaremos a una temperatura media en rachas de 2 minutos, para poder ir mezclando con la cuchara. Cuando veamos que la mezcla es semisólida y untuosa, podremos añadir el aceite esencial. Verteremos la mezcla en el bote donde vayamos a guardarlo y lo guardaremos en la nevera para que solidifique.

Lo dejaremos reposar 24 horas y ya lo tenemos listo. Podemos utilizarlo durante un mes.

Máscaras mágicas

Las mascarillas son preparaciones muy fáciles de elaborar que se hacen con ingredientes que normalmente tenemos en casa. Estas absorben toxinas, limpian los poros y purifican la piel. Además, podemos incluirlas en nuestra rutina de relajación y belleza una vez por semana.

Aplicaremos las mascarillas en rostro y cuello, limpios y húmedos, utilizando los dedos y evitando la zona alrededor de los ojos. La mayoría se dejan entre 5 y 10 minutos, momento en que sentimos que el producto se seca y la piel se tensa, y se retiran con agua tibia.

Para elaborarlas necesitaremos un bol de cerámica o vidrio y una cuchara de madera para mezclar. Las mascarillas se pueden guardar un día en la nevera, pero no más.

A continuación, te propongo algunos preparados según tu tipo de piel y lo que precises en cada momento.

Para pieles grasas

Una mascarilla que refresca, regula el sebo y mantiene la piel tersa.

Necesitaremos 30 g de arcilla verde, 3 ml de aceite vegetal de jojoba o almendras, ½ pepino machacado hasta hacer una especie de puré y 6 gotas de aceite esencial de lavanda.

Mezclaremos la arcilla con el pepino machacado y el aceite hasta conseguir una pasta homogénea, después añadiremos el aceite esencial y ya podemos aplicarla.

Para pieles mixtas

Una mascarilla para desintoxicar y nutrir.

Necesitaremos 20 g de arcilla blanca, el gel de una hoja de aloe vera y 5 ml de aceite de almendras. Mezclaremos los ingredientes en el bol hasta conseguir una pasta homogénea y la aplicaremos en rostro y cuello.

Para pieles secas

Una mascarilla que calma, hidrata y rejuvenece.

Necesitaremos 10 g de arcilla blanca, una cucharada de miel, 1 cucharadita de aceite de oliva y 3 fresas grandes machacadas hasta hacer un puré. Mezclaremos los ingredientes en el bol hasta conseguir una pasta untable —si es preciso podemos añadir un poquito de agua—.

UN CALDERO
EN TU COCINA

Si tienes dos centavos gasta uno
en pan y otro en una flor.
El pan te dará vida y la flor te dará
una razón de vivir.

PROVERBIO CHINO

Cuando era niña, comer significaba pasear, correr, trepar y nadar. Conocía la tierra que me rodeaba, mis compañeros vegetales y animales, la mejor época para las moras y en qué momento estaba maduro el escaramujo. El huerto de mi abuelo era un santuario, un pedazo de mundo donde los árboles eran venerados, las aguas discurrían frías con el irisado contorno de las truchas y, en un lado, crecían judías, pepinos, patatas y tomates, entre otras verduras y árboles frutales. Cuando tenía hambre solo necesitaba alargar la mano y tomar una ciruela o una manzana, sentía sus jugos y su acidez, su dulzor. Entonces me estiraba y escuchaba el mundo.

Al mediodía y por la tarde, antes de regresar, recogía berros y algún hinojo que crecía salvaje, pasaba por el huerto —que estaba más cerca de casa y de donde salía la mayor parte de lo que guardábamos en la despensa— e iba a por unas zanahorias y cebollas tiernas. Cuando cruzaba el umbral del patio, me detenía entre los rosales y la menta para recoger perejil y salvia que crecía mezclada con los pensamientos. Los ajos no andaban lejos al llegar a la cocina, pues colgaban del techo, junto a la entrada, como protección. Y durante mi paseo había recogido lo necesario para preparar una ensalada o una sopa caliente con lo que reconfortar, nutrir y alegrar cuerpo y espíritu.

Hipócrates decía: «Que tu medicina sea tu alimento, y tu alimento tu medicina». Nuestras antepasadas conocían el poder de la comida, no solo para nuestro cuerpo físico, sino también para la mente, las emociones y el espíritu, por lo que no siempre se acudía a los mismos ingredientes, sino que se tenían en cuenta sus propiedades terapéuticas para sanar la enfermedad, pero también aquellas propiedades que nos nutrían en profundidad.

Conocer las propiedades de aquello que comemos, así como saber de dónde procede lo que nos llevamos a la boca, nos ayudará a saber qué tomar en cada momento y situación. Lo que ingerimos nos aporta la energía que necesitamos durante el día, sin embargo, a veces nos sentimos cansadas o faltas de ánimo, y esa es una alarma que debemos escuchar.

Nuestro cuerpo nos habla; el mundo moderno nos hace prestar oídos sordos a lo que de verdad demanda, pero está en nuestras manos volver a escuchar.

Se han realizado numerosas investigaciones y se ha demostrado que las sustancias fitoquímicas presentes en el reino vegetal ralentizan el proceso de envejecimiento y disminuyen los problemas de salud. Añadir a nuestra alimentación vegetales crudos, al vapor y de temporada nos ayuda a contrarrestar los efectos de los radicales libres.

En nuestra vida diaria estamos acostumbradas a comer rápido y cualquier cosa, la falta de tiempo para nosotras mismas —para cuidarnos— es uno de los grandes problemas de nuestra sociedad. Encontrar maneras de incorporar los vegetales en nuestra alimentación, y de forma abundante y fresca, es necesario si queremos mantenernos nutridas y conectadas con nuestro entorno.

En los vegetales encontramos vitaminas, minerales, fibra y agua, por lo que nos hidratan, reconstituyen, alcalinizan y depuran. En nuestras ensaladas podemos añadir ingredientes que normalmente no comemos en crudo como el apio, el hinojo o el rábano. Y en invierno, o cuando sintamos que nuestro estómago necesita algo de confort, podemos preparar sopas con hierbas medicinales, verduras al vapor o zumos reconstituyentes mezclando frutas con verduras y plantas mágicas.

Estamos acostumbradas a ver bebidas y platos con base de frutas y vegetales, sin embargo, las plantas aromáticas poseen propiedades que podemos incluir en nuestra cocina, agregando color, sabor, minerales y vitaminas que aumentarán el valor nutritivo de las comidas. ¡Y son fabulosos cuando hemos de comer con menos sal!

Como hemos visto, las plantas mágicas y medicinales tienen la capacidad de reforzar nuestro sistema inmunológico y nos ayudan a luchar contra el estrés y la contaminación.

Algunas de las plantas mágicas de nuestras cocinas

Este no pretende ser un manual de cocina ni de nutrición, pero sí me parece interesante señalar el camino, ofrecer algunos trucos y consejos para que, mientras lo recorremos juntas, pueda trasladaros algunas de las cosas que me enseñaron a mí y he aprendido también con el tiempo.

En las librerías y bibliotecas encontrarás libros maravillosos sobre alimentos y sus propiedades nutricionales, así como recetas saludables para mejorar tu dieta. Sin embargo, a continuación te dejo algunas plantas mágicas para tener en tu huerto y cocina, fáciles de encontrar —en mercados, supermercados e incluso durante un paseo por el campo— y de cultivar.

★ El hinojo es un bulbo de color verde claro y olor anisado que encontramos de forma silvestre en los campos y márgenes de los caminos. De hecho, en la ciudad también crece, siempre que tenga tierra y libertad para hacerlo.

Este es un vegetal que nos ayuda a fortalecer y mantener sanos el hígado, los riñones y el bazo, pues es un diurético natural y está repleto de antioxidantes. Fortalece la circulación y previene cardiopatías. Es ideal en sopas cuando tenemos alguna afección de las vías respiratorias y mejora las digestiones tanto cocinado como en crudo. Además es un gran aliado para las personas que sufren de colon irritable.

* La zanahoria es un *snack* ideal tanto para niños como para adultos, su sabor dulce y textura crujiente gusta a casi todo el mundo y, añadiéndolo a zumos, ensaladas y guisos, aportamos color y todos sus nutrientes.

  La mayoría de la gente conoce solo la zanahoria naranja; sin embargo, este tubérculo también puede encontrarse en mercados de color morado, negro y blanco, ¡y todas son deliciosas!

  Es una de las fuentes vegetales más ricas en betacaroteno —que nuestro organismo transforma en vitamina A— y refuerza nuestra visión y piel, fortalece nuestro sistema reproductor, nos ayuda en época de catarros y disminuye los niveles de colesterol.

* El perejil es una planta aromática muy popular en nuestras cocinas y de fácil cultivo en una maceta. Esta hierba remineraliza al mismo tiempo que limpia el organismo, ayuda a controlar la hipertensión y es una gran aliada para las personas que sufren artritis, pues ayuda a aliviar la sintomatología.

* La lechuga es un vegetal que podemos encontrar durante todo el año y en múltiples variedades. Cuanto más oscuras son sus hojas, más nutrientes contiene. Nos ayuda a relajar los nervios, es un diurético ligero, estimula la inmunidad y limpia la sangre.

* El berro contiene más calcio que la leche, tanta vitamina C como las naranjas y más hierro que las espinacas. Según un estudio realizado en la Universidad William Peterson, en Nueva Jersey, que ha sido publicado por la revista científica *Preventing Chronic Disease*, estaríamos hablando del alimento más saludable del mundo. Cuando era niña era fácil encontrar este vegetal color verde intenso en los riachuelos, pero la contaminación y la urbanización ha ido eliminándolo. Por suerte, es un alimento que podemos encontrar en mercados con facilidad y durante todo el año.

    Este es un vegetal que nos ayuda a prevenir el cáncer, alimenta nuestros huesos, nutre nuestra sangre, aumenta nuestras defensas y protege nuestros ojos.

* La salvia es una de las plantas mágicas que todas debemos tener en casa, pues nos protege de energías negativas e intrusivas, eleva nuestras vibraciones y sana nuestro cuerpo físico, nivelando y fortaleciendo el sistema nervioso.

    Es una hierba aliada de las mujeres, pues evita los sofocos durante la menopausia. Es un buen tratamiento para los trastornos gastrointestinales, alivia la tos y el reumatismo. Además potencia la memoria porque refuerza los neurotransmisores.

★ El espárrago triguero crece de forma salvaje en la mayoría de las montañas y arboledas. Tiene un sabor delicioso y potente y es una fuente excelente de ácido fólico, betacarotenos y vitamina C. ¡Todo ello apenas sin calorías!

★ El eneldo es una planta aromática ideal para tratar los trastornos digestivos, tanto en niños como en adultos e incluso en embarazadas. Esta hierba alivia las flatulencias y los cólicos, controla el desarrollo bacteriano y es un tratamiento efectivo contra la indigestión.

★ El apio es una planta mágica por excelencia y es uno de los ingredientes básicos para el caldo y el puchero.

Cuando estamos enfermos y nos sube la fiebre o hemos hecho mucho ejercicio y hemos sudado, el apio —en crudo y en caldo— nos permite recuperar todos los minerales. Un zumo con apio es el mejor reconstituyente que puedes tomar después de una carrera o un buen paseo, ya que nos ayuda a recuperar el equilibrio electrolítico.

Es un diurético natural que, además, estimula el sistema inmunitario y normaliza el equilibrio ácido-base de nuestro organismo.

★ La espinaca nos protege de problemas cardiovasculares y oculares. Es un vegetal que aporta calcio, magnesio y vitamina K, por lo que es un gran aliado para la mineralización ósea.

* La menta es una planta aromática de un color verde vibrante y que, con buen riego, es agradecida y de fácil cultivo en maceta. Es nuestra aliada para trastornos respiratorios y digestivos. Trata los síntomas del colon irritable y del asma. Es perfecta para zumos, ensaladas y postres.

* El ajo es una planta protectora desde la antigüedad —solo hemos de ver los hatillos de ajos que se cuelgan junto a ventanas y puertas para mantener el mal afuera—. Popularmente se utiliza como remedio para catarros y gripes, y se ha demostrado que es efectivo incluso contra la tuberculosis, puesto que es antibiótico, antivírico y antifúngico.

Este bulbo de olor acre aporta múltiples beneficios para nuestro sistema cardiovascular, reforzándolo y manteniéndolo sano, disminuyendo la hipertensión y los niveles de colesterol. Además de las malas energías, también nos protege de las sustancias cancerígenas que respiramos y consumimos a diario.

* El jengibre es una raíz muy apreciada por sus propiedades antiinflamatorias, analgésicas y balsámicas y, de hecho, está considerada como un superalimento. El jengibre se puede añadir a toda clase de guisos y sopas, aporta sabor y aroma. Alivia las náuseas del embarazo, calma el estómago y disipa las flatulencias.

Si lo consumimos de forma habitual, es un tratamiento demostrado contra la inflamación y el dolor de la artrosis y la artritis. También nos ayuda a mantener la salud de nuestro sistema cardiovascular e inmunitario.

Un consejo antes de continuar: en la cocina, para conservar los nutrientes y el sabor de las plantas aromáticas frescas, es mejor añadirlas al final de la cocción; si son secas, las añadiremos antes para que propaguen su sabor.

Algunas recetas y mucha magia

En todo paseo con la naturaleza uno recibe mucho más de lo que busca.

JOHN MUIR

No solo de tisanas y ensaladas nutrimos nuestro cuerpo y espíritu, sino que también podemos aprovechar las propiedades de los vegetales a través de zumos y batidos, y una buena sopa caliente siempre nos reconfortará y nos ayudará en los meses más fríos del año.

A continuación propongo algunas recetas. Ten en cuenta que las proporciones son orientativas y que la práctica hace al maestro.

Las recetas de sopas están pensadas para unos cuatro comensales y las cantidades son orientativas.

Recuerda lavar siempre las verduras, frutas, hierbas y legumbres antes de su uso.

Prueba, experimenta y disfruta.

Zumo rosa

Necesitaremos 1 achicoria, el zumo de 1 limón, 1 puñado de diente de león, jengibre rallado al gusto y una pizca de pimienta cayena.

Lo meteremos todo en la licuadora y mezclaremos la pimienta con el resultado.

El diente de león depura el hígado y la sangre, pero tiene un sabor un poco amargo que se atenúa gracias al resto de ingredientes. Este es un zumo que fortalecerá tu sistema inmunitario.

Zumo naranja

Necesitaremos 1 manzana, 1 naranja pelada, 1 manojo de berros, 2 tazas de espinacas, 1 remolacha pequeña —pelada y cortada—, 2 zanahorias y jengibre al gusto.

Licuaremos todos los ingredientes, ¡y listo para beber!

Este zumo nos aporta toda la energía que necesitamos por la mañana, una alternativa a la cafeína.

Batido verde

Necesitaremos 1 manojo de berros, 1 lima pelada, ¼ de pepino, 1 manzana verde ácida, 1 plátano y 4 hojas de menta.

Introduciremos en la batidora todos los ingredientes con un poco de hielo o agua fresca. Podemos añadir más agua según la textura que nos guste más.

Batido amarillo

Necesitaremos 1 taza de mango maduro —cortado y pelado—, 5 hojas de menta, 2 tazas de lechuga hoja de roble, el zumo de ½ lima y de ½ limón, y 1 plátano.

Lo batiremos todo con hielo o agua fresca al gusto.

¡Qué maravillosos son los mangos! Dulces, deliciosos y ayudan a reducir los niveles de colesterol.

Batido violeta

Necesitaremos 1 taza de espinacas tiernas, 2 hojas grandes de acelga —sin la penca—, 1 manzana verde ácida, el gel de 1 hoja de aloe fresco, 1 taza de arándanos —que previamente habremos congelado— y un plátano.

Lo batiremos todo y añadiremos un poco de hielo o agua si fuera necesario.

Si eres vegetariano este batido te encantará, pues el aloe nos ofrece grandes cantidades de vitamina B12 y la acelga es una fuente estupenda de ácidos grasos omega-3.

Batido rojo

Necesitaremos 3 rabanitos con sus hojas, 2 tazas de espinacas, 1 pera dulce, 1 rama de apio, 1 taza de piña madura y cortada, 1 taza de frutos rojos —a tu gusto:

frambuesas, arándanos, moras…— y un poquito de cayena.

Batiremos y, si es necesario, añadiremos un poco de agua a la mezcla.

La piña y la pera equilibran el picante del rábano y la pimienta con su dulzor. Este es un batido que nos ayuda a mantener nuestra salud cardiovascular y limpia las vías respiratorias.

Sopas de ajo

Uno de los remedios tradicionales para las épocas de frío y los resfriados son las sopas de ajo. Un buen bol de esta sopa y descanso te dejarán como nueva.

Necesitaremos una cabeza de ajo, un par de patatas medianas —o una grande—, entre 3 y 4 tazas de caldo de verduras —yo suelo guardar el caldo de las verduras que haya cenado la noche anterior o caldo preparado que congelo con anterioridad, así siempre tengo a mano—, una cucharadita de pimentón dulce, perejil fresco picado, aceite de oliva y sal.

Pelaremos y cortaremos los ajos en láminas, los pondremos con un par de cucharadas colmadas de aceite en una olla. Los pocharemos a fuego suave hasta que estén doraditos. Pelaremos y lavaremos las patatas y las añadiremos a la olla. Al cabo de un rato añadiremos la sal y el pimentón. Unos 5 minutos después verteremos el caldo y dejaremos que haga *chup chup* unos 25 o 30 minutos.

Un par de minutos antes de apagar el fuego, añadiremos el perejil picado.

Sopa de zanahoria con hinojo

Las sopas también son apetecibles e ideales para las épocas de calor y aquí tenemos un delicioso ejemplo.

Necesitaremos 7 zanahorias grandes, 1 hinojo pequeño o ½ grande, ½ rama de apio, ½ cebolla tierna, un puñado de nueces o de almendras crudas, agua, aceite de oliva, ½ cucharadita de cúrcuma y sal.

Lavaremos, pelaremos y cortaremos las verduras. Primero haremos zumo con la zanahoria en la licuadora. En el vaso de la batidora pondremos la cebolla, el hinojo, el apio, las nueces y el zumo de zanahoria y trituraremos hasta obtener una mezcla cremosa. Podemos ir virtiendo un poquito de agua si vemos que es necesario. Añadiremos la cúrcuma, la sal y el aceite y volveremos a batir.

Sopa de berros con lentejas

Un plato que nos llenará de energía para todo el día, además de ser reconstituyente, esta sopa es rica y calentita.

Necesitaremos 150 g de lenteja roja, 200 g de berros frescos, 1 cebolla roja, 1 puerro, una cucharadita de curry, aceite de oliva, agua y sal.

Lavaremos, pelaremos y cortaremos la cebolla y el puerro, y los saltearemos a fuego medio con un chorrito de aceite en una cazuela. Bajaremos el fuego y añadiremos el curry y la sal y dejaremos que suelte todos sus aromas. Lavaremos y agregaremos las lentejas. Cubriremos con agua caliente y dejaremos que haga *chup chup* hasta que las lentejas estén cocinadas. Cuando falten un par de minutos para apagar el fuego será el momento de añadir los berros.

Sopa de perejil

Como ya hemos comentado, el perejil es una de las plantas indispensables en nuestra cocina. Esta sopa maravillosa para los días calurosos es remineralizante y depurativa.

Necesitaremos 150 g de perejil fresco, 2 puerros grandes o 3 medianos, 3 ramas de apio, un puñado de pipas de calabaza o piñones, aceite de oliva, 3 tazas agua, pimienta negra recién molida y sal.

Lavaremos bien las verduras. Cortaremos el apio a dados y el puerro en rodajas, y los pondremos a pochar en una cazuela con una cucharada de aceite. Salpimentaremos, verteremos el agua caliente y cocinaremos unos 20 minutos. Un poco antes de apagar el fuego, añadiremos el perejil lavado y picado.

Dejaremos atemperar y lo batiremos todo. Serviremos con las pipas o piñones a manera de *topping*.

Vino tónico de escaramujo

Tradicionalmente, el arbusto de rosa rugosa se cultivaba para hacer vino. Su recolección era en otoño, cuando el fruto está maduro, y se preparaba este vino tónico, delicioso y que ayuda al sistema inmunitario durante todo el año.

Para preparar nuestro propio vino necesitaremos un bote grande que podamos cerrar herméticamente —donde preparar la mezcla y dejarlo reposar—, un colador, otros dos botes limpios para dejarlo fermentar y una botella para guardarlo una vez preparado.

Los ingredientes serán unas 4 ½ tazas de frutos de escaramujo limpios, 10 tazas de agua hirviendo, 1 ½ taza de azúcar moderno o de caña, el zumo de ½ limón y de ½ naranja —si es sanguina le da un toque que me encanta—, y 7 g de levadura fresca.

Trituraremos los escaramujos y los pondremos en el bote, añadiremos el agua y removeremos. Esta mezcla la dejaremos reposar, tapada con un trapo limpio, a lo largo de 3 días. Transcurrido este tiempo, colaremos el líquido.

Pasado este tiempo, calentaremos el azúcar con el zumo y lo añadiremos al líquido del escaramujo. Dejaremos enfriar.

Pondremos la levadura con un poco del líquido en un bote limpio, lo batiremos y dejaremos que fermente. Añadiremos el resto del líquido, agregaremos un poco más de agua hervida —pero fría— hasta que queden un par de centímetros del borde del bote. Taparemos herméticamente y dejaremos que fermente en un lugar cálido, pero al que no le dé directamente el sol.

En unas horas lo pasaremos a un bote limpio y, esta vez, dejaremos que fermente 3 meses. Después embotellaremos el vino y ya lo tendremos listo.

Aceites aromáticos

Como en los preparados medicinales y de belleza, podemos aprovechar las cualidades de las plantas combinándolas con un buen aceite de oliva. Estos aceites aromatizados contienen propiedades medicinales y son maravillosos tanto para cocinar como para aliñar ensaladas y tostadas —me encantan por encima de una tostada con aguacate o en un trozo de pizza casera—.

Con 250 ml de aceite de buena calidad tendremos suficiente. Necesitarás botellas para poder guardarlos —preferiblemente de color ámbar o verde—. Durante la preparación necesitaremos botes con tapa, para dejarlo macerar.

Mezclaremos bien los ingredientes limpios con el aceite de oliva, cerraremos el bote hermético y guardaremos en un lugar oscuro y fresco durante una lunación. Después pasaremos a una botella. No hace falta colar.

Orégano, ajo y tomates secos

Ajo y orégano son dos plantas antivíricas, antifúngicas y antibacterianas que, además, son antiinflamatorias, digestivas y carminativas —que favorecen la expulsión de los gases—. Los tomates añaden antioxidantes a la mezcla y, combinados, ajo y tomate ayudan a nuestra salud cardiovascular.

Tomillo, ajo y ralladura de limón

¡Esta mezcla es una bomba! Tiene atributos aperitivos, digestivos, tónicos, antibióticos, antibacterianos... y podría seguir.

Romero fresco, laurel y guindilla

Como ya hemos visto, el romero —también llamado «ginseng europeo»— es un poderoso antiinflamatorio y antioxidante. Combinado con el laurel —planta mágica que nos aporta seguridad y resultados óptimos— y la guindilla, tenemos un coctel que estimulará nuestra digestión.

Los tres son aceites medicinales y absolutamente deliciosos.

El ritual del pan

El pan no es solo un alimento para el cuerpo, sino también para el alma y los espíritus que nos acompañan en nuestro día a día sin que los veamos —como los duendes que ayudaban al zapatero en el cuento clásico—.

El pan tiene muchas connotaciones míticas y divinas, que derivan del culto al Sol de nuestros antepasados. Antiguamente, en la mayoría de las culturas, el Sol era una de las grandes divinidades; la luz era principio de vida, aquello que nos separaba de las tinieblas y nos permitía distinguir la realidad. La forma del círculo y el color dorado son, simbólicamente, características del sol —podemos verlo en la alquimia y en las coronas de los reyes— y esta simbología se representaba en el pan dorado. La tradicional torta de pascua era un círculo de pan con un huevo cocido en medio de este. La torta de san Juan también se preparaba tradicionalmente como un círculo de pan, dedicada al sol y a su triunfo sobre las tinieblas del invierno. Los pasteles de boda nacen igualmente de este principio, una torta de pan que se comían de forma ceremonial, ante los espíritus y divinidades familiares; era costumbre que lo comieran los novios durante el ritual, para garantizar la prosperidad y, después, se repartían pequeños círculos de pan entre los asistentes.

Las fiestas tradicionales son reflejo de las llamadas «fiestas paganas» —celebraciones de la rueda del año que siguen el ciclo estacional— y de la siega del trigo, con el que se preparaba la harina para el pan; dicha planta tenía una connotación sacra, así como el resto de las labores en torno a su elaboración. La cosecha de las espigas doradas del trigo se realizaba en el solsticio de verano, cuando el sol estaba en su mayor esplendor. De este modo, la preparación del pan, desde sus principios, con sus colores, momentos y formas, lo convierten en un acto de magia.

De este modo, cuando comemos pan, según los principios mágicos nos estamos apropiando de las propiedades y virtudes del sol. Cultivamos la semilla, la convertimos en harina, la amasamos con nuestras manos y la convertimos a través de las llamas.

Guardar pedazos de pan tiene un carácter mágico de protección y abundancia. En las bodas, los novios guardan un pedazo del pan de su unión, que simboliza su fidelidad. En fin de año, existe la tradición de que la persona más mayor de la casa ha de guardar un pedazo del pan de la celebración. Este trozo de pan se guarda en un cajón concreto, donde se irán añadiendo trozos de pan cada año sin tirar los anteriores pues, cuantos más hay, más abundancia y felicidad para la familia. Pero, cuidado, si el pan de ese año enmohece significa que los espíritus familiares y de la casa nos avisan de un mal augurio.

También se comía como protección, pues el pan, amasado y horneado con esa intención, imbuía a la persona que lo comía de protección contra los muertos y sus manifestaciones. Y el pan de muertos o *soul cake*, de forma redonda y con una cruz que lo divide, es una ofrenda en memoria de los muertos.

En resumen, el pan es usado como amuleto contra cualquier mal —para llevarlo en el bolsillo, proteger el hogar o incluso los navíos—. Poner un trozo de pan bajo el cojín, o junto a la cuna de un recién nacido, mantiene alejados a los espíritus malignos que dañan a los infantes. Comer pan la noche de Yule —noche de solsticio de invierno que conocemos como Navidad— comportaba prosperidad.

El pan, además, es un elemento sagrado que tradicionalmente debían elaborar las mujeres, consideradas las sacerdotisas del hogar. El pan hecho en casa no solo servía para alimentar, sino que se horneaba para invocar la buena fortuna, para unir a la familia y la comunidad en las festividades, y no se podía negar a aquellos que pasaban hambre o no tenían recursos, o de lo contrario te condenabas a lo mismo que habías negado, abriendo las puertas a la mala fortuna.

Soul Cakes

Existen muchas tradiciones en torno a Samahin y al día de muertos y todas ellas tienen una cualidad común: unen a los vivos mientras recuerdan a los muertos.

Las galletas popularmente llamadas *soul cakes* son típicas de pueblos celtas y se elaboraban, comían y regalaban durante lo que hoy en día se celebra en muchos lugares como Halloween. De hecho, esta fiesta nació a partir de las tradiciones que los irlandeses llevaron consigo al emigrar a Estados Unidos.

Estas galletas se regalaban a los niños que cantaban, de puerta en puerta, oraciones por el alma de los muertos; se decía que por cada *soul cake* un alma perdida era liberada de su tormento. También se hacían hornadas para aquellos que pasaban apuros y hambre.

A las *soul cakes* se les añadían especias como el jengibre, la canela y la nuez moscada y también pasas o arándanos secos. En las casas se tomaban con vinos dulces y se servían algunas, con copas llenas, como ofrenda a los muertos —tanto para los familiares como para aquellos a los que no tienen a nadie con quién celebrar—.

Para preparar nuestras *soul cakes* caseras necesitaremos: 340 g de harina para repostería, 150 g de azúcar moreno o panela, 170 g de mantequilla sin sal, ½ cucharadita de jengibre, ½ cucharadita de canela, ½ cucharadita de nuez moscada, 2 cucharaditas de vinagre de manzana —sin pasteurizar— y 1 huevo.

Tamizaremos o colaremos las especias y la harina en un colador. Agregaremos el azúcar y mezclaremos bien. Le añadiremos la mantequilla cortada en cubos y amasaremos con las manos para que se vaya derritiendo con el calor de nuestras manos y se integre con los ingredientes secos. Nos quedara una masa de textura arenosa pero homogénea a la que agregaremos el huevo batido y el vinagre, para seguir mezclando con las manos.

Durante este proceso, podemos decir unas palabras para bendecir a los vivos que las coman y honrar a los muertos que las recibirán.

Cuando la masa sea uniforme, haremos una bola que dejaremos dentro del bol, tapada con un trapo limpio, y guardaremos una hora en la nevera. Pasado ese tiempo, la estiraremos sobre un papel vegetal —la masa ha de tener un grosor de unos 7 mm— y la cortaremos con un vaso o cortador de galletas redondo. Con la masa sobrante haremos una bola y la extenderemos de nuevo para cortar más círculos.

Colocaremos las galletas sobre un papel vegetal en una rejilla y les haremos el detalle de la cruz con un palillo o la punta de un cuchillo. Al trazar la cruz hemos de sentir cómo se corta también la energía, creando una protección que pasará a quién la coma.

Precalentaremos el horno a 200 °C y las dejaremos hornear durante unos 12 o 15 minutos —han de quedar doraditas—. Después las dejaremos enfriar y las conservaremos máximo una semana dentro de un recipiente hermético.

UN HOGAR VERDE

La naturaleza no es un lugar para visitar,
es el hogar.

GARY SNYDER

Los espacios que habitamos acaban formando parte de nosotras, al igual que nosotras de ellos. A lo largo del tiempo, muchas personas transitan y pasan sus vidas por edificios y habitaciones, y su energía —el eco de sus vivencias— queda impregnada en las paredes, así como en los objetos. Cuando un lugar está constantemente expuesto a peleas y sufrimiento, esa es la vibración que irradia; de ahí surge la idea de que la risa y juegos de los niños espantan a los fantasmas —creencia extendida en todo el mundo y que se ve representada en la película *Mi vecino Totoro*, cuando las niñas llegan a la vieja casa y, con gritos y carreras, echan a los pequeños espíritus del polvo—.

Si bien es cierto que esa energía queda adherida a los espacios, eso no significa que sea imposible removerla, limpiarla y cambiar esa vibración para que nos sea beneficiosa. A fin y al cabo, nuestra casa, nuestra habitación, nuestro puesto de trabajo, son extensiones de nosotras mismas y reflejan aquello que somos y que soñamos, pero también lo que nos preocupa y entristece.

Cuando hablamos de nuestro propio espacio es más fácil realizar una limpieza completa, ya que nosotras decidimos a quién dejamos entrar en nuestras vidas y, por tanto, en nuestros hogares. Pero cuando hablamos de puestos de trabajo, de pisos y habitaciones de alquiler, o de nuestra nueva casa que acabamos de adquirir, no podemos controlar toda la energía que entra y sale de ella, lo que ha sucedido entre aquellas paredes, e incluso a los invitados de otros planos que han llegado a esa estancia y que, a veces, se quedan, perdidos.

Una de las tareas que me enseñaron a realizar de niña es la de analizar y limpiar ambientes —así como los objetos y los campos energéticos de las personas, las casas también pueden sanar—. Todavía me dedico a ello y no deja de sorprenderme cómo una casa puede llegar a contarte su historia entre susurros e imágenes. Existen casas que vibran tan sutilmente que has de acercarte a las paredes; en otras, en cambio, solo con entrar, sientes un peso que trata de aplastarte, que te revuelve el estómago y te grita «sal de aquí».

En *Manual de Magia Moderna* explico cómo limpiar ambientes, así como detectar vampiros energéticos; si bien, en caso de realizar una limpieza y ver que el malestar es insistente, es preferible contactar con un profesional. De todos modos, en este libro trataremos no solo cómo testear y limpiar los ambientes, sino también cómo nuestras compañeras del reino vegetal pueden ayudarnos a mantener las vibraciones bien altas en aquellos lugares transitados y que no podemos controlar como nos gustaría.

Incorporar plantas, así como dejar entrar la luz natural, cambiar el color de las paredes o colocar algunos cristales de cuarzo tiene efectos positivos sobre nuestra salud y la de nuestro hogar. Existen numerosos estudios sobre biofilia —la afinidad instintiva que sentimos por el mundo natural y otros seres vivos— que indican cómo estas prácticas son beneficiosas para nuestra salud física, psicológica y emocional, y también para nuestra concentración, creatividad y productividad.

Cambiando algunos aspectos de nuestros ambientes vitales y de trabajo, logramos bienestar, pues la ciencia ya ha demostrado que los espacios verdes y la luz natural están asociados a la salud física y mental. Así, muchos centros médicos y empresas han decidido poner estos principios en práctica con plantas vivas en las salas de espera, ventanales por donde entre la luz del día o espacios verdes donde descansar. De hecho, un estudio realizado en la Universidad de Stanford en el año 2015 demostró que dar un paseo por un parque o zona verde evita que nos concentremos en pensamientos negativos y, por consiguiente, el riesgo de caer en depresión.

También se ha confirmado que las plantas tienen un efecto relajante y calmante sobre nuestro sistema nervioso, y algunas de ellas son perfectas para mejorar nuestro sueño así como para nuestros dormitorios —siempre recordando el ciclo de respiración de las plantas, es decir, durante el día convierten el CO_2 en O_2, pero durante la noche respiran como nosotras, por lo que no debemos quedarnos encerradas en recintos pequeños con varias plantas durante las horas de sueño—.

Verás que algunas plantas se repiten a lo largo del libro, y es que hay amigas vegetales que son casi una panacea y, además, las tenemos muy a mano. ¡Aprovechémonos de todo lo que nos ofrecen!

* Se ha demostrado que el romero mejora la calidad del aire en las habitaciones y su aroma —por los aceites esenciales que desprende— aumenta la memoria, por lo que no solo es ideal para el descanso sino para entornos de trabajo y estudio.

* Una investigación realizada en la Universidad Heinrich Heine, de Düsseldorf, en el año 2010, demostró que la gardenia ayuda a nuestro cuerpo y mente a relajarse. Y no solo eso, sino que dijeron que su aroma incide en nosotros con la eficacia de un Valium —sin sus efectos negativos—.

* El jazmín es una planta que llena la noche con el aroma de sus flores, por lo que nuestro organismo ya la asocia con la luna y el descanso. En la antigüedad se relacionaba con deidades y espíritus nocturnos y del otro lado del velo y, al poseer cualidades sedantes, mejora nuestro sueño.

* Una planta recomendada por la NASA, por ser capaz de filtrar el aire de una estancia, tanto de día como de noche, es la sansevieria —también conocida como planta serpiente—.

Como hemos visto, una de las propiedades de las plantas mencionadas es que mejoran la calidad del aire, es decir, los beneficios de respirar en un ambiente filtrado, oxigenado y aromatizado de forma natural benefician nuestro sueño y también a nuestra capacidad de trabajo y a nuestra motivación vital.

Las plantas nos alegran con solo verlas y olerlas, pero, sin que nos demos cuenta, limpian el ambiente de contaminantes presentes en el aire de espacios cerrados —tal como demostró un estudio de la NASA—.

La variedad también es importante, es decir, cada planta tiene su propia capacidad para eliminar ciertas sustancias del aire —como el amoníaco, el formaldehído, el tricloroetileno, el benceno y el xileno presente en el aire de las ciudades y zonas densamente pobladas—.

Entre las plantas que podemos aprovechar para mejorar nuestro hogar y espacio de trabajo, están las antes mencionadas y también las que describo a continuación:

* La flor de muerto o espatifilo es una de las plantas que testearon en el estudio de la NASA y se demostró capaz de filtrar los contaminantes del aire —de hecho, de todos los del listado anterior—. Es una planta longeva y que sobrevive con poca agua y luz, a temperaturas por encima de los 18 °C.

* La palmera de bambú es una amiga vegetal que vemos fácilmente en la entrada de comercios por su llamativo color verde, de hojas largas y tallo esbelto. Es también una excelente depuradora de aire.

★ El potus es una planta decorativa muy común, ya que es fácil de conseguir en cualquier floristería, es resistente y necesita pocos cuidados. Solo es preciso que la reguemos cuando la tierra esté seca y aguanta temperaturas entre los 17 °C y los 30 °C, por lo que es ideal para interiores.

LIMPIA Y ENERGIZA TU HOGAR

No hay nada mejor que el olor a tierra limpia,
con excepción del fresco olor que despiden
las pequeñas plantas luego de una lluvia.
Cuando llueve, muchas veces salgo al páramo
y me tiendo bajo los matorrales a escuchar
como caen las gotas de lluvia sobre el brezo.

FRANCES HODGSON BURNETT

Para hacer magia es imprescindible saber canalizar las vibraciones y proyectar nuestra propia voluntad hacia el objetivo correcto y concreto porque, de lo contrario, puede dispersarse y no llegar a ninguna parte. A veces pensamos que un acto mágico no funciona y ya está; sin embargo, hemos de entender que nuestros pensamientos y vibración, así como aquello que nos rodea, influyen en este. Las energías o pensamientos dispersos o negativos pueden dar al traste con todo nuestro trabajo y preparación.

En *Manual de Magia Moderna* explico detalladamente lo importante que es contar con ciertas herramientas que nos permiten detectar, canalizar y proyectar esa energía —así como cortarla—. De hecho, en mi baúl y armario cuento con péndulos de distintos materiales, varitas y cuchillos ceremoniales, así como otros materiales y herramientas.

El arte de la radiestesia

Una herramienta imprescindible a la hora de evaluar y redirigir energías es el péndulo. La radiestesia es la facultad que poseen los seres vivos para percibir las radiaciones de la Tierra. En los animales podemos comprobar su reacción ante leves movimientos terrestres; de estas capacidades se aprovechan técnicas como el *feng shui*.

Nosotras también somos capaces de hacerlo. Aunque nuestros sentidos se han ido apagando a la vez que nos alejábamos de la naturaleza, podemos fortalecerlos con la práctica, aprovechando la ayuda de materiales y herramientas que nos lo ponen más fácil.

Nuestro organismo es un receptor que capta las radiaciones emitidas por todo lo que nos rodea, desde la energía de la Tierra y la que nos llega desde el espacio, hasta la de otros cuerpos. Hoy en día se ha demostrado que muchas enfermedades y molestias son debidas precisamente a la cantidad de radiaciones que generamos en el mundo moderno: ordenadores, antenas, wifis...

Incluso las tuberías de agua o la red eléctrica influyen en nuestro organismo.

Todo el conocimiento del universo reside en nosotras y la radiestesia es un método al que solo es necesario conectarnos. Sin embargo, a veces es tan sencillo como apagar la red de wifi cuando no la estemos utilizando, evitar conectar aparatos móviles cerca de nosotros a la hora de dormir y mantener la red eléctrica y de aguas en buen estado. También hay profesionales que se dedican a revisar estas influencias y campos energéticos y trabajan con símbolos y otros intercambiadores de frecuencia para redirigir o eliminar posibles vibraciones que, a la larga, podrían ser un problema.

Antiguamente, la radiestesia se conocía como rabdomancia, por ser un tipo de adivinación que se realizaba a través del uso de una vara. Esta técnica se utiliza para detectar la existencia de vibraciones, especialmente bajo tierra —los romanos buscaban con ella aguas termales, pero también se usaba para encontrar personas u objetos perdidos—.

Fue a partir de 1890 que, tras experimentos realizados en la Universidad de Salzburgo, se instituyó el péndulo como instrumento médico y se relegó a las varillas para otros usos.

En 1922 el médico estadounidense Albert Abrams publicó uno de los primeros textos sobre la capacidad del péndulo para la detección y tratamiento de enfermedades, y existen testimonios del uso de esta herramienta durante la Segunda Guerra Mundial.

Los péndulos pueden tener diversas formas y estar fabricados con muchos materiales. Para utilizarlos en hechizos, como medio de adivinación o para uso terapéutico, existen de distintos minerales, metales y maderas, que nos serán muy útiles. Sin embargo, para los espacios recomiendo péndulos sencillos de madera o arcilla, con hilo de algodón, que mantendremos limpios usando el humo purificador de una mezcla de piedras de incienso con salvia, guardaremos en una bolsita oscura de material natural y solo utilizaremos nosotras.

Como comentaba anteriormente, la radiestesia nos puede servir para encontrar los puntos energéticos de nuestro hogar —como vórtices y remolinos—, para averiguar dónde hay cruces de fuerzas y encontrar objetos o personas. También la podemos utilizar para decidir qué hierbas utilizar en un hechizo o preparado herbal.

En caso de querer realizar una consulta en nombre de otra persona o para analizar su vibración energética, precisaremos un testigo de ese individuo: una fotografía, un mechón de cabello o un escrito suyo.

Existen tablas de medición ya confeccionadas a las que podemos recurrir cuando usemos un péndulo como oráculo o para la búsqueda de geopatías.

Para usar nuestro péndulo, lo primero es percibir su vibración y entrar en armonía con él. Debemos sentirnos cómodas trabajando con nuestras herramientas. El siguiente paso es limpiarlo y prepararlo, para evitar que energías externas enturbien nuestras percepciones —no debemos olvidar que es una herramienta de canalización—. Y finalmente, buscaremos un lugar tranquilo, donde nos relajaremos, respiraremos profundamente y decidiremos qué queremos consultar; nuestra mente debe estar concentrada en un objetivo o, de no ser así, el péndulo dudará.

Antes de realizar consultas, configuraremos el péndulo.

Configuración del péndulo

Nos sentaremos con la espalda recta, sin cruzar piernas ni brazos.

Tomaremos el cordel del péndulo entre el índice y el pulgar —aunque hay personas que prefieren sostenerlo entre el corazón y el pulgar, con el índice un poco elevado entre ambos—. Apoyaremos el antebrazo en una mesa, si es posible —al menos las primeras veces, para asegurarnos de que no movemos la mano involuntariamente— y nos aseguraremos de que estamos cómodas.

Entonces repetiremos mentalmente: «No» y esperamos a su movimiento mientras continuamos concentradas en la respuesta que invocamos. Puede que tarde en responder, pero en cuanto nos relajemos y dejemos fluir la energía, el péndulo dibujará un círculo o una línea. Después repetiremos la operación con el «Sí». Y finalmente, podemos preguntar: «No sé» o «No estoy seguro». Hay consultantes que prefieren quedarse con las dos primeras fórmulas, yo soy de las que se manejan mejor con una posibilidad vacilante del destino.

Existen textos que te dirán que el péndulo ha de girar en un sentido u otro, pero lo importante es que dejes libertad a tu péndulo y, una vez averigües su movimiento, lo memorices.

Tras configurarlo, podremos hacer nuestras consultas.

Consultar al péndulo

Primero nos concentraremos en la duda y preguntaremos si podemos llevar a cabo esa investigación, pues a veces hay respuestas que todavía no se pueden aclarar o a las que nosotras no estamos abiertas. Si la respuesta es afirmativa, continuaremos adelante.

Para realizar una medición de nuestro hogar, podemos pasear por todas las estancias, viendo primero sus reacciones naturales y, después, realizando preguntas concretas sala por sala. En ocasiones esto no es posible —quizá nuestros compañeros nos miren raro si nos paseamos por el despacho con un péndulo—, por lo que podemos realizar las consultas a distancia, con una tabla y algún objeto que esté impregnado de la energía del lugar o sobre una fotografía.

Es interesante contar con las tablas de medición antes mencionadas, pero si no es posible haremos preguntas simples, de respuesta «Sí» o «No». En caso de que el péndulo no responda o se mueva de forma confusa, no insistiremos. Es muy posible que existan interferencias en ese asunto o que nosotras mismas estemos intentando manipular la respuesta de forma inconsciente.

El uso correcto del péndulo para respuestas sencillas puede llevar meses, pero una vez que entendáis el tranquillo, pasead con el brazo en alto —codo a la altura del pecho y mano consultante en perpendicular con nuestro tercer ojo o sexto chakra— y dad pasos cortos, permitiendo al péndulo que se mueva libremente, ajeno al balanceo corporal. En estos casos, las varillas de zahorí son realmente útiles.

En un vórtice o encrucijada el péndulo se volverá loco. En caso de conocer bien este tipo de perturbaciones energéticas, es interesante actuar en consecuencia —algunas las evitaremos y otras las aprovecharemos—, y colocaremos nuestro altar —en el *Manual de Magia Moderna* explico los pasos y materiales para prepararlo— sobre aquellos que nos permitan canalizar energías telúricas positivas. Pero si este no es el caso, y no tenemos conocimientos sobre la materia, es mejor evitarlas, puesto que podrían enturbiar y contradecir nuestros propósitos mágicos.

En cualquier caso, en las zonas donde vemos que hay una perturbación, es interesante colocar un símbolo que equilibre y positivice el espacio. Dibujaremos sobre un papel blanco los símbolos que aparecen a continuación, para atraer energías positivas y eliminar radiaciones. Estos papeles los pegaremos en las paredes o muebles para que ejerzan su acción benéfica de forma continuada.

También existen algunas runas vikingas, más allá de las que componen el oráculo —también llamadas «runas talismánicas»—, que pueden servirnos como símbolos de protección y sanación, así como para remover, limpiar, potenciar o eliminar ciertas energías de nuestro entorno.

A continuación, dejo una breve lista:

Para potenciar la energía y la salud. Por lo que es un símbolo interesante en dormitorios y aquellas zonas que solamos frecuentar.

Aumenta las energías relacionadas con el amor y el deseo. Un símbolo perfecto para los dormitorios conyugales.

Para atraer la prosperidad. Ideal para negocios y estudios.

Este símbolo es un imán para las energías positivas. Yo tengo este símbolo por toda la casa, especialmente cerca de puertas y ventanas.

Talismán protector contra el peligro. Este es un talismán que podemos llevar en el bolsillo y también poner cerca de entradas, para evitar malas energías o visitas no deseadas.

Dispersor de radiaciones, ideal para colocar en lugares donde hay ordenadores, wifi, televisores, etcétera.

Este hay que colocarlo en los espejos, ya que potencia la renovación celular y nos mantiene jóvenes en todos los sentidos.

Para remover y renovar las energías en aquellos lugares que permanezcan mucho tiempo cerrados.

El *vegvísir* es una especie de brújula vibracional que nos guía en momentos complicados. Es un símbolo que podemos colocar y retirar según necesidad, y pegar en nuestra zona de estudio o trabajo.

El *aegishjalmur* —también llamado «máscara del terror»— es un símbolo de protección muy poderoso que mantiene alejado todo mal. Si es posible, colocaremos este símbolo en la zona exterior de nuestras puertas.

Los druidas, sabios de la magia natural celta, también utilizaban símbolos que nos pueden ser de gran utilidad. Seguro que los reconoces porque podemos encontrarlos grabados y dibujados en piezas de decoración y joyería. Aprovechémonos pues y utilicemos estas piezas, que habremos limpiado con anterioridad, para aportar esa protección y movimientos vibracionales a nuestro hogar.

El trisquel posee una vibración que equilibra cuerpo, mente y espíritu, así como el pasado, el presente y el futuro. Para los druidas simboliza la eterna evolución. Un símbolo ideal para llevar colgado del cuello o colocar en el salón.

La espiral no tiene principio ni fin, sino que representa la eternidad, como el sol que nace y muere cada día, para volver a renacer a la mañana siguiente. Podemos tenerlo a la vista en el recibidor o en la sala más transitada del hogar. También nos servirá en aquellos espacios donde el péndulo se vuelva loco.

El *awen* significa 'inspiración' y representa la armonía entre los opuestos. Perfecto para las zonas de estudio, creación artística y trabajo.

El *lauburu* canaliza las energías del universo y equilibra la lucha entre la luz y las tinieblas, por lo que es un poderoso protector contra los extraños con malas intenciones. Un *lauburu* sobre la puerta de entrada y otro en nuestro bolsillo nos protegerán de todo mal.

·

Test energético casero

A veces, con una revisión mediante radiestesia no es suficiente, o todavía no tenemos tanta práctica como para fiarnos de nuestras mediciones. Para estar seguras de que las energías de cada habitación están en perfecto estado, podemos realizar este test casero.

Necesitaremos un bote o vaso de vidrio transparente, un platito, sal marina gruesa —puedes utilizar sal consagrada si la tienes, en *Manual de Magia Moderna* te enseño a prepararla— y vinagre de manzana.

Llenaremos el vaso hasta más o menos la mitad con sal y añadiremos vinagre hasta que rebase la sal por dos dedos. Colocaremos el vaso sobre el plato en una esquina de la habitación a revisar, donde no vayan a golpearlo y no pueda caer nada en su interior, y lo dejaremos durante una novena —9 días con sus noches—.

Si en esos 9 días solo se ha evaporado parte del líquido, pero por lo demás está igual, ¡enhorabuena, la energía está perfecta! Si la sal desborda o ha cambiado de color, nos indica que hay energía negativa y/o revuelta. Si burbujea o ha creado espuma, nos indica que hay energía enquistada. Cuantos más cambios, la energía enturbiada es más potente.

En caso de que la sal rebase y forme un camino hacia la cama del dormitorio, la silla del escritorio, el sofá del salón… ¡Cuidado! Estamos hablando de algo más grave y es necesario acudir a un especialista para que realice una limpieza energética de espacio y, posiblemente, también a nosotros —o la persona que ocupe normalmente ese espacio—, pues podemos tenerlo enganchado.

TU CASA, TU TEMPLO

*Los árboles son los esfuerzos de la tierra
para hablar con el cielo que escucha.*

RABINDRANATH TAGORE

Nuestro hogar es el lugar donde descansamos, nos refugiamos del exterior para recuperarnos de las inclemencias tanto psicológicas y emocionales como ambientales. Es donde nos reunimos con los nuestros y celebramos con aquellos que hemos adoptado como parte de la tribu. Es el espacio en que crecen nuestros hijos y nosotras como personas, donde evolucionamos y creamos. Ese es el lugar donde tenemos nuestro altar y nuestros aliados —plantas, animales y espirituales—. De ahí la radical importancia de mantenerlo limpio, energizado y sellado.

Podemos realizar limpiezas semanales, estacionales e incluso más de una vez a la semana si en ese periodo sentimos la necesidad. Cuando no nos sintamos cómodas, si no descansamos bien o lo suficiente, si hay averías continuamente y discutimos más de lo normal o si no queremos volver a casa, es posible que la energía en nuestro hogar esté comprometida. No debemos olvidar que esa energía tendemos a proyectarla nosotras y los seres con los que convivimos; es decir, hay que hacer una evaluación de cómo estamos, pero también existen motivos externos a nosotros que pueden provocar este cambio vibracional, desde los vecinos del edificio a entes o energías que han entrado en el hogar y hemos de exorcizar.

En primer lugar, después de haber hecho un estudio sobre cómo nos sentimos en casa y hablarlo en familia para buscar soluciones a posibles conflictos o problemas, limpiaremos y recogeremos a fondo, para evitar cúmulos e interferencias. La limpieza la realizaremos preferiblemente durante la mañana, abriendo todas las ventanas para ventilar y barriendo desde el punto más alejado de la casa hacia la salida. Haremos especial énfasis en las esquinas, donde se suele acumular la energía negativa, así como las sombras. Después fregaremos, con una solución de agua con un vaso de vinagre de manzana, también hacia la salida.

Una vez limpia, cerraremos puertas y ventanas, y realizaremos una meditación sencilla, concentrándonos en nuestra respiración y visualizando nuestra casa vibrante y llena de luz blanca.

Manteniendo la voluntad empezaremos con la limpieza en el siguiente orden:

* Romper. El primer paso es el de romper la energía. Este es un paso que nos recuerda lo que mencionaba sobre la risa, gritos y juegos de los niños, que fracturan esa energía negativa y despés la remueven con sus juegos, aportando vibraciones nuevas y alegres. Para ello utilizaremos una campana o un cuenco tibetano, también podemos utilizar el tambor ritual, lo importante es que, como los niños, te lo pases bien. Canta, baila, salta mientras el sonido llena cada habitación y vibra en tu interior.

* Ahumar. Para este paso necesitarás un hatillo de salvia blanca —fácil de encontrar hoy en día en cualquier herboristería—. Lo encenderás y dibujarás el símbolo celta de la espiral mientras te mueves lentamente, y con intención clara, habitación por habitación. Durante todo el proceso inspira y respira profundamente, como en una meditación en movimiento; piensa que también te estás purificando a ti misma.

* Sellar. El último paso es el que nos permite sellar el cambio y proteger el ambiente. Para ello usaremos una escobita que confeccionaremos con unas ramas de hinojo, romero y/o ruda, atándolas con un cordel blanco.

  Si no contamos con agua lunar o diamantina, prepararemos un cuenco de arcilla o de cristal con agua y un cristal de cuarzo, que dejaremos 24 horas bajo la influencia de los astros. Podemos añadirle unas gotas de aceite esencial de romero, ruda o cedro para potenciar el efecto.

Solicitaremos la ayuda de espíritus y guías para sellar y cargar ese espacio de energía positiva, mientras esparcimos el agua con nuestra escobita. Empezaremos por los rincones y seguiremos por el resto de la habitación, sala por sala.

Al finalizar, agradeceremos la guía y ayuda recibidas, abriremos puertas y ventanas para que entre el aire y saldremos a dar un paseo. Cuando regresemos, diremos en voz alta y alegre: «Ya he vuelto»; y, según vayan llegando el resto, les daremos la bienvenida.

No olvidemos que para mantener una buena energía es necesaria la risa, el amor y el juego.

Genios de humo

Dicen que existe una planta para cada menester y así es. De hecho, como ya hemos visto, podemos utilizarlas en casi todos los ámbitos de nuestra vida y, una manera de sacarles provecho, limpiando espacios y campos energéticos biológicos —el aura—, así como manteniendo nuestra psique y emociones fuertes, es a través de los sahumerios.

Hoy en día es fácil encontrar hatillos de plantas ya preparados y recipientes para poder quemarlas. Para realizar un sahumerio te recomiendo hacerte con una pequeña vasija para ese uso, las hay de cerámica y de metal; yo prefiero las de arcilla, pero debe vibrar en consonancia contigo. Necesitarás cerillas y un platillo, que ya suele venir con la vasija, para poder taparlo, privar de oxígeno a la llama y que así esta se extinga por sí misma.

Este es un hechizo sencillo al que, cuanto más vistamos, más poder le conferimos. Por ese motivo buscaremos un momento tranquilo, realizaremos una meditación sencilla y centrada en la respiración para concentrar nuestra voluntad en nuestros objetivos y solicitaremos la ayuda de los espíritus propicios —nuestros guías— y, si lo creemos necesario, de alguna divinidad que nos pueda echar un cable.

Entonces encenderemos las plantas recitando:

A ti, materia de humo,
espíritu del aire,
céfiro y alma de planta,
yo te invoco.
Que tu vibración
guíe mis pasos
y se haga así mi voluntad.

Podemos mantenernos en una habitación o pasear por toda la casa con el sahumerio, según la necesidad del hechizo. Cuando finalicemos, lo cubriremos, daremos gracias triples y diremos: «Que así sea, así es, así será».

Plantas según la necesidad:

* ⋆ Para purificar y renovar la energía quemaremos salvia blanca.
* ⋆ Para atraer la alegría y energía positiva quemaremos cáscara seca de naranja.

* Para evitar enfermedades, limpiar habitaciones donde ha reposado un enfermo y para eliminarlas quemaremos romero.
* Para protegernos de hechizos ajenos y de la ansiedad quemaremos laurel.
* Para evitar las malas lenguas y atraer buenas amistades quemaremos clavo de olor.
* Para calmar nuestra mente de pensamientos invasivos y repetitivos quemaremos menta.
* Para atraer abundancia y prosperidad quemaremos tomillo.
* Para traer amor y amistad a nuestra vida quemaremos semillas de cilantro.
* Para eliminar el mal de ojo y atraer la buena suerte quemaremos flor de manzanilla.
* Para animar una relación quemaremos palo de canela.
* Para atraer la calma y la relajación quemaremos flor de lavanda.
* Para favorecer los sueños lúcidos y la clarividencia quemaremos artemisa.

Atrae la energía positiva

Ya hemos visto que existen numerosos estudios que nos hablan de las propiedades de las plantas para limpiar y depurar nuestro entorno. Ahora bien, cuando aprovechamos todas las capacidades de nuestras compañeras vegetales teniendo en cuenta también sus vibraciones, alma y espíritu, podemos trabajar con ellas para atraer prosperidad, abundancia, salud, amor, etcétera, para desbloquear situaciones y sellos que, tanto la sociedad como la educación, nos han impuesto y nos impiden evolucionar, así como para prevenir aquello negativo que está por venir —o si es algo necesario, suavizar sus efectos—.

Estas plantas podemos cultivarlas en nuestra casa, balcón y jardín. También podemos colgarlas en hatillos o disponerlas en armarios, cajones, bolsillos y bajo algún cojín, dentro de bolsitas de lino o algodón.

Algunas de las que podemos tener a mano y en nuestros hogares son:

★ Diente de león. Sus pétalos ahuyentan los malos espíritus, por lo que podemos tener la planta plantada en nuestras ventanas o balcón para aprovechar su influencia.

★ Eucalipto. Repele a las personas negativas, es favorable para los negocios y, si colocamos unas hojas bajo la almohada, elimina el insomnio causado por malas energías.

★ Hinojo. Tradicionalmente se planta en el jardín de la casa para proteger de cualquier tipo de agresión.

★ Llantén. En una bolsita de color rojo colgada del cuello, aleja el estrés y evita las migrañas que esta causa. Para proteger a los conductores y a quienes viajen en coche, colocaremos una rama en la guantera.

★ Muérdago. Planta adorada por los druidas, protege de la enfermedad y de catástrofes naturales.

* Perejil. En la antigua Roma se utilizaba para proteger del mal de ojo y un baño en su infusión limpia de malas energías y aleja la adversidad.

* Castaño de Indias. Recuerdo que, cuando era niña, me llamaba la atención la costumbre de guardar una castaña seca en el bolsillo. Después descubrí que este árbol está ligado a Júpiter y que por ello se le otorga a sus frutos la capacidad de atraer el dinero y la buena fortuna.

* Ruda. Esta es una planta que nos protege de malas influencias y los deseos negativos hacia nuestra persona. Tenerla en casa mantiene alejada a la gente tóxica, así como la envidia y situaciones desagradables que traen consigo.

* Pino. Una rama de pino fresca en la casa evita que el mal entre al hogar y aleja las amistades indeseables.

* Mejorana. Tradicionalmente se utiliza como amuleto de protección. Cuanto más sana y fuerte esté nuestra planta de mejorana, más blindará nuestro hogar frente a las traiciones y envidias.

* Eneldo. Las semillas de esta planta se utilizan desde la antigüedad más remota para proteger a los recién nacidos del mal de ojo y a los niños de los espíritus malignos que desean alimentarse de ellos.

* Cebolla. Este bulbo ya se utilizaba como amuleto en el antiguo Egipto. Plantar cebollas entre las flores del jardín, tener una cesta de cebollas en la cocina,

poner una cebolla bajo la cama... No solo protege el hogar de parásitos y plagas, sino que también evita que las energías negativas invadan nuestra vida e intimidad.

★ Albahaca. Antiguamente, cuando uno se disponía a hacer negocios importantes o viajaba por algún tipo de trato comercial, se le regalaba una bolsita con hojas de albahaca en su interior, pues se dice que facilita las negociaciones y atrae el éxito.

★ Abedul. Este es un árbol que se utiliza para proteger espacios y ahuyentar los malos espíritus.

★ Cardo. Era costumbre usarlo como varita. Si dejamos que crezcan libremente en nuestros jardines, alejarán a los ladrones y parásitos. Es tradición llevar un cardo seco en el bolso o billetera para que atraiga la energía positiva y nos transmita su fortaleza en momentos de necesidad.

★ Ortiga. Su fuerza está ligada al planeta Marte y es una planta que se utiliza para eliminar las vibraciones negativas y sortear problemas. Si tenemos a alguien enfermo en casa, pondremos unas ramas de ortiga bajo su colchón y esto lo ayudará a sanar.

Nuestro propio rincón feérico

La belleza del mundo natural está en los detalles.

Natalie Angier

La magia del reino vegetal reside en el antiguo conocimiento de los espíritus de las plantas y el vínculo que establecemos con ellos. Todas hemos oído historias sobre estos seres: faunos, dríadas, silvanos, hadas o dusios; habitantes de una dimensión que está aquí, pero normalmente escapa a nuestros sentidos, ya que podríamos decir que habitan en el plano astral.

Esta clase de espíritus del mundo vegetal —a los que Paracelso denominaba «ninfas»— no tienen una forma específica, ya que son energía y vibración, por lo que no obedecen a nuestro concepto de temporalidad y su aspecto puede variar, tomando incluso el del material al que están ligado.

Esto último nos recuerda a la historia de la ninfa Dafne: Apolo estaba enamorado de ella y la perseguía sin descanso, pese a que ella le rechazara. Un día, harta de huir de su perseguidor, llegó a orillas del río Peneo y pidió ayuda a su padre, dios de las aguas, para que la convierta en laurel; lo que sucedió justo cuando los dedos de Apolo llegaban a rozarla.

Si bien es cierto que estos seres pueden ser volubles y, desde nuestro punto de vista, caprichosos y crueles, también podemos ganarnos su favor. Su poder tiene influencia tanto en el plano astral como en el material —por lo que es enorme— y tienden a crear lazos de amistad duraderos, que trascienden el tiempo y acompañan linajes durante generaciones, siempre y cuando quien los llame sea una persona de buen espíritu, que ame la naturaleza y los colme de regalos.

Bien dirigidos, los favores de estos espíritus pueden procurarnos visiones y sueños proféticos, así como ayudarnos a sanar y evolucionar en el camino deseado.

Como explico más detalladamente en *Manual de Magia Moderna*, cuando estudiamos mitología y folclore, vemos que existen historias que se repiten en distintas culturas antiguas, pese a la distancia y el tiempo que las separa. Las diferentes cosmogonías clásicas tienen una misma línea y personajes similares con distintos nombres.

Según la *Teogonía* de Hesíodo (s. VII a. C.), Caos dio lugar a Gaia —la Tierra—, a Tártaro —el mundo subterráneo— y a Eros —el amor—. Del Caos nacieron los tres planos de la existencia: físico, mental y espiritual. Del mismo modo, la mitología china de la creación nos habla de un huevo cósmico en un mar revuelto y caótico, dentro del cual estaban el *yin* y el *yang*, que, al explotar, dieron lugar al mundo.

El animismo, la creencia de que todo —desde los ríos hasta las piedras y los animales— tiene un espíritu, es una filosofía que arraigó tanto en Japón como en América y África, a pesar de no haber comunicación entre ellos en su gestación. Normalmente, las creencias animistas son tolerantes con el resto de las religiones, pues son filosofías espirituales que honran la Tierra y toda la creación como un único ente interconectado.

Los tres arquetipos primigenios son el de la Madre, la Muerte y la Lucha; el resto son arquetipos que se han ido añadiendo, que aprendemos durante la vida y que evolucionan con la sociedad.

El término *paganismo* procede del latín —de *pagus*, 'aldea'—, y en un primer momento se refería a los aldeanos, quienes vivían en armonía con la naturaleza. Pasa igual con el término *superstición*, que viene del latín *superstitio, superstitionis*, y está formado por el prefijo *super-* —'por encima de' o también 'anterior a'—, la raíz del verbo *stare* —'estar en pie'— y el sufijo *-tion*, que refiere acción o efecto. Traducido significaría: «Aquel o aquello que está por encima de una situación o es anterior a ella».

No fue hasta la aparición de las religiones monoteístas que la palabra *pagano* adquirió un sentido peyorativo, mientras que ahora, con el cambio de consciencia en pro de lo natural, el paganismo disfruta de un nuevo renacer y creer en la existencia de múltiples deidades o aspectos distintos de Dios no resulta tan extravagante.

Así pues, el animismo, el credo más antiguo de la humanidad, afirma que todos los lugares y cosas poseen un espíritu vivo. Esas energías, como ya hemos comentado, pueden adoptar la forma de un hada, pero también de un ángel o un duendecillo luminoso, pues no son ellos quienes cobran forma, sino nosotras quiénes se las damos mentalmente, ya que vemos aquello que nos es más fácil asimilar.

Para atraerlos y hacernos sus amigos, solo hay que llamarlos. Cuando estemos limpiando la casa —tanto física como energéticamente— o trabajando en el huerto —ya sea un jardín grande o en el balcón—, los invocaremos con una plegaria alegre; a estas energías les gustan los juegos, las canciones y las fiestas. Esto es así porque lo similar se acerca a lo similar y son energías que atraen los cambios positivos y se sienten atraídos por lo luminoso y lo sencillo.

Para comunicarme con ellos, yo lo hago mediante una canción sin letra, solo entonando desde el corazón la melodía que siento. Mientras cocino, trabajo con mis plantas o limpio, voy cantando y silbando, llamándolos para que me acompañen, para que me guíen cuando es necesario. Es más importante lo que sientas e intuyas que lo que te puedan decir o llegues a leer.

Existen muchas divinidades a las que puedes pedir favor durante tus hechizos y rituales con plantas mágicas. Aquí te dejo algunas de ellas:

Egipcias:
★ Isis: diosa de la magia y protectora de las madres.

* Hathor: diosa de la crianza, la educación, la música y la fertilidad.
* Hemsut: diosas del destino y la protección. Se las describía como las aguas primigenias; el líquido desde el cual todas las cosas nacieron.
* Iusaaset o Saosis: una de las diosas primordiales en la religión egipcia, considerada como la abuela de todas las deidades de su panteón. Se la relacionaba con el árbol de la acacia, considerado el árbol de la vida.

Griegas:
* Artemisa: diosa de los bosques y de la pureza.
* Deméter: diosa de la agricultura que concede el verdor a la tierra y, por las idas y venidas de su hija Perséfone para ver a su marido Hades, portadora de las estaciones.
* Hécate: diosa de los portales y protectora del hogar. Con su forma triple se asocia a las encrucijadas y a la luz y también es la señora de la magia y de la brujería, guardiana del saber de las plantas y los venenos, así como aquella que transita libremente por el mundo de los muertos.

Nórdicas:
* Dagda: dios de los druidas, señor de los elementos y del conocimiento.
* Freya: diosa del amor y de la belleza.
* Freyr: dios de la abundancia y de la paz.
* Nerta: diosa de la naturaleza; símbolo de la nueva vida que renace con la primavera.

Un templo para los espíritus

Al igual que en *Magia Lunar* te propongo crear un templo para la Luna, aquí te propongo algo similar para los espíritus con los que quieras crear lazos de amistad.

Para este pequeño rincón no necesitas materiales refinados ni difíciles de encontrar; de hecho, lo importante es que los hayas recolectado tú misma. En tus paseos por el bosque o la playa, déjate guiar, recoge aquellas piedras, caracolas de colores, raíces retorcidas o semillas que vayas encontrando durante el camino. Para mí, las elegidas vibran levemente al contacto; mi hijo dice que le llaman y otras personas me han dicho que las sienten a una temperatura más cálida que la ambiental. Como siempre digo, déjate sentir: la sabiduría está en ti y a tu alrededor, permite que te hable.

Prepara un pequeño altar en forma de montaña entre tus flores y plantas medicinales, apila rocas, decóralo con semillas y caracolas. Es importante que busques una piedra plana lo suficientemente grande para que puedas colocar un platito y un vaso con ofrendas, así como una vela de vez en cuando.

Ahora lo puedes personalizar: añade aquella punta de cuarzo que tanto te gusta, el pequeño buda que te regalaron para tu cumpleaños, la canica que era un tesoro para ti de niña… Puedes colocar en tu altar las figuritas de divinidades y seres feéricos que desees, mientras resuenen contigo.

Es importante que no olvides dejarles una ofrenda siempre que celebres algo, no importa que sea un pequeño logro, una cena especial que hagáis en casa, un encuentro con amigos o festividades como Yule. Ahora los espíritus que acepten tu invitación son parte de tu tribu, por lo que se merecen su plato de comida y su copita.

Encenderemos una vela blanca cada vez que les ofrezcamos viandas y, cuando queramos solicitar algún favor, nos aseguraremos de que tengan su vela y de dejarles alguna cosa que nos guste especialmente comer a nosotras.

Crea tus espíritus protectores

Para atraer la protección de los espíritus y crear nuestro propio espíritu vivo —es decir, una acumulación de vibración positiva que trabaje en nuestro beneficio—, podemos crear pequeñas figuras de arcilla con corazón vivo que colocaremos en ventanas exteriores.

Para hacerlas, necesitaremos barro rojo —si podemos recoger arcilla en el campo mejor, pero está disponible en comercios, ya preparada para su uso—, semillas recogidas durante un paseo meditativo para hacer el corazón de las figuras, agua de lluvia —si es lunar o diamantina, añadiremos ese plus energético; explico cómo prepararlas en *Manual de Magia Moderna* y en *Magia Lunar*— y algún mineral o metal para los ojos —utilizaremos uno u otro según nuestras necesidades, ya sean de protección o de atracción—.

Alguno de los materiales que podemos utilizar para los ojos son:

★ El hierro: la sabiduría popular habla de la fuerza protectora de este metal, por lo que se incrustaban clavos de hierro o herraduras en las puertas de entrada a las casas. Es el metal de la fuerza que no puede doblegarse, representa la seguridad y la constancia. Sus vibraciones benefician la consolidación de situaciones y relaciones, ayudan en aquellos asuntos que requieran tenacidad, y nos protegen de agresiones y riesgos, tanto físicos como espirituales y emocionales. Mas, ¡cuidado!, el óxido del hierro atrae justo lo contrario: la corrupción.

★ El cobre: este metal es conductor de la electricidad y se ha utilizado desde la antigüedad para construir recipientes. El cobre complementa y equilibra la energía etérea con la terrenal, lo impalpable con lo sólido. Es el mejor canalizador de las energías cósmicas y es receptor de vibraciones, por lo que es el más aconsejable para varitas y péndulos. Lo tendremos presente para aquellos temas que exijan orientación acertada hacia el cambio.

★ El cuarzo o cristal de roca: podemos encontrarlo en varias versiones, pero aquí comentamos el blanco y el rosa. Esta es la gema más poderosa, con vibraciones que pueden servirnos para todo tipo de objetivos. El cuarzo sirve para limpiar y disipar energías negativas, para potenciar y dirigir las positivas, y como batería en caso de necesidad. Es interesante llevar uno con nosotros en cualquier momento importante o viaje, y tener uno en el altar para favorecer la atracción e intercambio de energía.

* La amatista: es otro tipo de cuarzo, por lo que también posee sus propiedades energéticas, pero este es más sensible que el blanco o el rosa. La amatista con tonalidades violetas es apropiada para asuntos que requieran delicadeza y sean especialmente emocionales; la que posee tonos rojizos ayuda en hechizos pasionales y que requieren esfuerzo. Es un amuleto para tener en cuenta siempre que visitemos o habitemos lugares nuevos donde pueda haber fuertes cargas emocionales y espirituales, ya que nos protegerá y evitará que podamos ser «contaminados» por ellas.

* La obsidiana: mineral sanador que conecta la mente con las emociones. Además, absorbe la negatividad, no solo la del ambiente, sino la de aquellos que estén cerca.

Para hacer nuestro pequeño guardián, realizaremos una pequeña meditación, concentradas en nuestra respiración, mientras modelamos la arcilla. Hemos de visualizar la energía cobrando forma. El agua nos servirá para crear la masa, en caso de ser arcilla recogida, o para dar forma y suavidad a la figurilla, si es barro comprado.

En el momento de colocar el corazón —la semilla— hemos de visualizar su latir, su calidez, la vida que aguarda en el interior. Este es el centro de su poder y ha de quedar bien seguro bajo la arcilla.

Colocaremos sus ojos pensando en la necesidad concreta por la que estamos creando nuestro guardián.

Una vez seco, lo colocaremos en una ventana, resguardado de la lluvia, con la entrada de la primavera.

Según hacia donde mire, su espíritu atraerá una cosa u otra:

* Si mira hacia la puerta de entrada de la casa, el espíritu atraerá fortuna y abundancia.
* Si lo ponemos de lado, mirando hacia un dormitorio, atraeremos salud para quien duerma en él.
* Si lo colocamos mirando hacia la calle, el guardián protegerá el hogar de cualquier influencia negativa.

CULTIVA, RECOGE Y ALMACENA TUS PROPIAS PLANTAS MÁGICAS

Un jardín es un gran maestro. Te enseña paciencia y un prudente cuidado, te enseña la industria y el ahorro en la economía, y sobre todo, la verdadera confianza.

Desde la más remota antigüedad, el ser humano ha reconocido el poder energético y curativo de las plantas. De hecho, no sabemos en qué momento empezamos a utilizarlas; sin embargo, desde Mesopotamia y Egipto vemos cómo las mujeres y hombres sabios de todas las épocas las han utilizado para sanar y para acompañar a los muertos en su viaje al más allá, pues en las tumbas se encuentran hatillos de plantas mágicas y las momias eran conservadas a base de aceites esenciales.

Las plantas medicinales, correctamente administradas, son capaces de sanar la mayoría de los males, tomando al ser humano como un todo —físico, mental y espiritual—. Ya hemos visto que las propiedades de las plantas van más allá de sus principios activos y sus acciones terapéuticas, pues tienen un alma y espíritu que actúan sobre el organismo, atacando el problema y equilibrándolo.

El alma de la planta es la que utilizamos también para los hechizos. Paracelso afirmaba que las plantas tienen un componente energético y espiritual que va más allá de los efectos medicinales. Por ello, hemos de contar con algunas plantas en nuestro botiquín mágico, guardadas en botes de vidrio o cerámica, alejadas de la humedad y de la luz del sol.

Todavía hoy, si visitamos la casa de un familiar en un pequeño pueblo o viajamos a otros países, lejos de la ciudad, encontramos hatillos de hinojo colgando del techo, bolsitas de lavanda en los cajones y bajo la almohada, trenzas de ajos junto a las ventanas, coronas de laurel en los portales... En Navarra, para proteger sus hogares de espíritus malignos y malas influencias, cuelgan por fuera de las puertas de entrada a las casas el *eguzkilore*, la flor del sol. Las plantas, tanto en su forma natural como en ramas, o secas y machacadas, han sido parte de la magia tradicional y cotidiana desde antes de que tengamos memoria histórica; algo que sabemos gracias a los restos arqueológicos y pinturas.

Hoy en día es sencillo montar y administrar un pequeño huerto de aromáticas, aunque no dispongamos de tierras ni de jardín. Existen multitud de materiales a nuestro alcance, desde huertos colgantes a invernaderos de tamaño reducido y macetas escalonadas. Además, con materiales reciclados podemos hacer verdaderas virguerías. Te invito a hacer una búsqueda por internet y a maravillarte de la imaginación del ser humano: podemos preparar semilleros para hacer nuestros planteles en hueveras de cartón recicladas, macetas colgantes con cordel y botellas de agua, huertos de aromáticas y hortalizas con cajas de fruta de madera...

Lo interesante es planificar nuestro herbario, elegir nuestras plantas preferidas, aquellas que vayamos a utilizar a menudo y que se adapten al clima en el que vivimos. Es maravilloso disponer de plantas frescas que, además, vibran en consonancia con nosotras, pero no olvidemos que, si necesitamos alguna que, por tiempo, espacio o climatología no podemos cultivar, eso no debe generarnos estrés, pues existen tiendas especializadas donde podremos comprarlas para nuestros hechizos y preparados herbales.

Luna y mundo vegetal

Como explico en *Magia Lunar*, la luna tiene un efecto directo sobre la germinación y el crecimiento de las plantas. De hecho, los ciclos de nuestro satélite han sido siempre guía para el mundo agrícola y hay numerosos almanaques en los que podemos leer no solo las fases lunares del año en curso, sino también qué y cómo sembrar, podar o recoger según su influencia; algo que, como veremos, debemos tener especialmente en cuenta cuando hablamos de plantas mágicas o medicinales.

Las mujeres y hombres de campo se han guiado por la luna desde que el ser humano tiene memoria de ello. La diosa griega Artemisa —identificada con Selene, titánide que personificaba la luna— no es solo protectora de la naturaleza, sino también de la fertilidad.

En definitiva, la relación del satélite terrestre con la fertilidad se remonta a la antigüedad, cuando las culturas más avanzadas de la época ya conocían su influencia y se servían de ella. De este modo, por observación, llegaron a conclusiones que todavía hoy se ponen en práctica, una especie de simbiosis planta-luna que lleva a crecer a las primeras cuando el satélite aumenta y, en contrapartida, a detener su ascenso cuando hay fase menguante.

La luz de la luna, por ser un reflejo del sol, no es suficiente como para que las plantas realicen la fotosíntesis; entonces, ¿cómo les afecta? A pesar de que no sirva para la fotosíntesis, la luz lunar sí incide en el fotoperiodo; etapa menos conocida que la primera, pero muy importante para el desarrollo vegetal, puesto que es parte del proceso que regula las funciones biológicas de las plantas, en que la sucesión de día y noche es tan fundamental para su impulso vital como lo son las estaciones. Dicho de otro modo, la luz lunar estimula la producción de la proteína que actúa como receptora de la luz y mantiene la savia en movimiento como si fuera de día, por lo que los nutrientes y procesos siguen activos y la planta sigue su evolución.

En este contexto, el cuarto creciente es una de las fases más activas para la vegetación, la luna llena es el mejor momento para el crecimiento del follaje y las ramas, el cuarto menguante lo es para las raíces, y la luna nueva es la fase de estancamiento y reposo.

* Cuarto creciente: fase más activa, en que la luz de la luna reaparece y afecta a toda la planta.

  Es un momento ideal para preparar el huerto y abonarlo —las plantas están receptivas para absorber nutrientes—, disponer los semilleros y aquellas plantas de hoja, como las lechugas y la menta.

* Luna llena: fase perfecta para el follaje y las ramas, pues es cuando la luz es más potente y hay mayor movilización de savia y agua.

  Es el mejor momento para trasplantar y cosechar, así como para hacer limpieza y eliminar otras plantas que no nos interese tener en el huerto.

* Cuarto menguante: momento en que la luz lunar vuelve a menguar de forma progresiva, por lo que afecta al desarrollo de las raíces. Es ideal para plantar y recoger bulbos y cultivos de raíz, como por ejemplo zanahorias y rábanos. También es el mejor momento para podar y hacer esquejes, ya que la irradiación lunar es menor y hay menos agua y savia en los tejidos de la planta.

* Luna nueva: periodo de reposo y estancamiento en que la luna no alumbra y el fotoperiodo se altera; la savia no está en movimiento, la vida queda en suspensión.

El arcón de la bruja

Las mujeres sabias están unidas a la naturaleza y saben cómo aprovechar la magia de sus hermanas vegetales para curar sus aflicciones, así como para invocar las energías precisas para realizar su voluntad durante hechizos y rituales. De ahí que sus conocimientos fueran tan temidos por aquellos que querían controlar la mente y los corazones de las personas bajo su alargada sombra. A pesar de todo, esas mujeres batallaron contra esa influencia negativa y, en honor a ellas, nosotras seguimos luchando, y aprendemos y transmitimos el saber antiguo que llega hasta nuestros días.

Ya hemos comentado muchas plantas que, por sus propiedades curativas, culinarias o mágicas, son imprescindibles en nuestra alacena, botiquín y, por qué no, en nuestro pequeño huerto. Sin embargo, repasemos algunas plantas que se reconocen específicamente como plantas mágicas o de bruja:

★ Laurel: esta es una planta que atrae el éxito y el reconocimiento de los demás. Unas hojas de laurel refuerzan las vibraciones de cualquier hechizo. Colgar unas ramas de laurel en la casa la protegen de influencias negativas, y quemarlo junto a otras hierbas ayuda a que estas potencien sus propiedades.

Es un árbol consagrado al dios Apolo y existía un tipo de adivinación denominada *dafnomancia* en la que las adivinas, pitonisas o sibilas eran coronadas con laurel. Se las llamaba *dafnéfagas*, 'comedoras de laurel', porque el arte adivinatorio se realizaba por dos métodos: el primero era por fuego —se arrojaba una rama de laurel y se adivinaba a través de los chisporroteos, las chispas y el humo, y cuanto más escandaloso, mejor presagio—; el segundo era mascando hojas tiernas de laurel —las adivinas debían cerrar los ojos y concentrarse mientras las respuestas venían a ellas—.

★ Muérdago: planta sagrada y esencial para los druidas, que veían el muérdago como la representación de la esencia del dios del Sol, Tatanis, por lo que cualquier árbol con muérdago en sus ramas —pues es una planta semiparásita— era considerado sagrado. El más importante es el que nace del roble, árbol primordial de los druidas, ya que su propio nombre nace de este árbol —roble es *duir*, raíz de *druida*—.

Durante el solsticio de invierno, el más sabio de los druidas, vestido de blanco y blandiendo su hoz dorada, podía cortar el muérdago.

Dicen que con su poder eran capaces de resucitar a los muertos. Sea verdad o no, lo que sí podemos hacer es tener una rama en casa para que ahuyente a los seres malignos.

★ Ruda: la planta de las brujas es una de las más poderosas que existen en el ámbito mágico. Popularmente la llaman «rechazadaños» porque, si la colocas en un rincón del salón o de la sala principal de la casa, te protege de las presencias negativas y de las visitas indeseadas, bendiciendo el lugar con su sola presencia.

Tener una planta de ruda a la entrada de tu casa te advierte de si hay alguien con malas intenciones cerca de ti, puesto que reacciona ante las vibraciones que la rodean. Por este motivo, si la planta se mustia o se seca, es una señal de que es necesario hacer una limpieza energética y protegernos, aunque ello también puede indicar que se ha colocado en un punto de influencia telúrica.

Con la ruda podemos hacer un sencillo hechizo para protegernos, a nosotras o a nuestros seres queridos, de posibles enemigos:

Durante la luna menguante trazaremos un círculo con tiza blanca y colocaremos dos velas, una blanca y una marrón, en el centro y quemaremos las hojas de ruda —el cuenco ha de ser de barro cocido— y, cuando las llamas se extingan y crezca el humo, diremos en alto y con intención:

Donde mora el peligro, tú alzas defensas.
Lo malo se anula bajo tu bondad.
Las intenciones oscuras se extinguen ante
Morrigan.
Tu humo bendice y arrastra lo malo.
Lejos de mí y de mi vida
son ahuyentados los enemigos,
sean visibles o invisibles.

Para plantar sus esquejes es preciso que la luna creciente o llena esté en lo alto y que nuestra propia energía sea propicia. En cuanto a la recolección, debe hacerse durante la luna menguante —bajo los signos de Libra y

Sagitario— y sus hojas se suelen quemar para limpiar y proteger.

No es seguro administrarla en forma de infusión, ya que es abortiva.

* Albahaca: esta planta se usa para purificar estancias de vibraciones indeseables e, incluso, para salpicar su esencia o aceite en objetos que sintamos están contaminados de malas energías.

* Salvia: hierba mágica por antonomasia, equilibra las emociones y el sistema nervioso si la tomamos en infusión. Es la planta de los oráculos y fomenta la sabiduría, la memoria y la creatividad, por lo que es un amuleto para estudiantes y artistas.

  También es una de las más protectoras, ya que remueve y limpia las energías cuando la quemamos y, si lo hacemos en un hatillo junto con laurel y romero, lograremos que un hechizo potencie, concentre y purifique las energías.

  La salvia se recoge durante la luna nueva.

* Eucalipto: tanto unas ramas decorando nuestro hogar como unas gotas de esencia para el ambiente o unas hojas y frutos en un ritual nos permiten alcanzar un mayor dominio de nosotras mismas, descubrir nuestras capacidades, superar dificultades, sobrellevar momentos complicados y expulsar de nuestro entorno malas influencias.

* Espino: la flor de espino es símbolo de pureza desde la antigüedad y los romanos tenían la tradición de colgar una rama en las cunas de los

recién nacidos, pues decían que los protegían de los malos espíritus que se sienten atraídos por sus vibraciones.

Una rama con sus frutos colgada en puertas y ventanas impiden que aquellos que quieran dañarnos puedan utilizar la magia en nuestra contra.

Su madera también se utiliza para confeccionar varitas.

★ Canela: uno de los ingredientes para el filtro amoroso tradicional y un complemento excepcional en los hechizos que tengan que ver con la pasión y la sensualidad. Utilizaremos ramas de canela y no en polvo.

★ Perejil: sus vibraciones propician las relaciones sociales, protegen contra las críticas y las envidias, y es fantástico para aquellas personas que en su día a día han de relacionarse con mucha gente o cuyo trabajo depende de los contactos.

Se recoge en luna llena y, si bajo esta misma luna realizas un círculo con sal, con una vela blanca y una plateada en el centro, y quemas hojas de perejil invocando a la diosa lunar Ariadna, las energías te favorecerán en las relaciones amistosas y laborales. Las cenizas se guardan para elaborar un sencillo amuleto —envueltas en tela de algodón blanca o dentro de una pequeña cajita de plata— que llevarás encima y renovarás cada luna llena.

★ Saúco: se conoce popularmente por sus propiedades beneficiosas para el sistema respiratorio y con
sus flores secas se elabora una infusión que, con
miel, es ideal para catarros, gripes y bronquitis.

Es un árbol sagrado para los celtas, pues los
druidas aseguraban que en él moran los espíritus
del aire. Muchas ceremonias celtas se realizan bajo
la presencia del saúco, ya sean rituales de enlace
—amparados bajo sus ramas; puesto que las enti-
dades mágicas bendicen la unión—, o de traspaso
—plantando un árbol sobre la tumba del fallecido,
para que los espíritus lo acompañen en su viaje—.

Si encomiendas tus deseos más profundos a
un saúco, dicen que estos se cumplirán. Pero jamás hemos de realizar hechizo o ritual alguno
bajo un saúco si ya ha anochecido y tampoco cortaremos ramas o recogeremos sus flores o frutos
sin pedir permiso a sus espíritus, pues son igual
de vengativos que benéficos. Si creyéramos que les
hemos ofendido de algún modo, debemos ofre-
cerles regalos —pueden ser coronas de flores, frutas o pan— que depositaremos al atardecer a los
pies del árbol.

Sus propiedades curativas serán más potentes
si se recoge un poco antes de la luna nueva de octubre. Para utilizar su raíz en trabajos mágicos, se
recogerá bajo el signo de Leo y se dividirá en nue-
ve trozos antes de guardarla.

Su madera solo puede recogerse durante la
primera luna nueva de agosto y de octubre, y se
utiliza para los fuegos rituales de los solsticios.

★ Amapola: esta flor se relaciona con el mundo de los sueños —por sus semillas, de las que se extrae el opio y otras sustancias— y también con el amor, la paz y el olvido. Es conocida como «la flor del consuelo», pues es anestésica y se utiliza para aliviar el dolor.

El uso más común es para combatir el insomnio, por sus propiedades sedantes e hipnóticas, que afectan directamente al sistema nervioso. Pero también es una gran aliada contra el asma y para aliviar la tos.

Es una de las llamadas «plantas de bruja», pues sus propiedades alucinógenas, unidas a su capacidad para relajar y provocar el sueño, pueden inducir a sueños proféticos y visiones.

El color tiene mucha influencia dentro de un hechizo y las flores son un muy buen complemento para la vibración cromática. Podemos usar una sola flor o crear una corona para potenciar la fuerza del ritual y mantener alejada de él cualquier energía negativa que pudiera interferir.

Además, plantar flores entre las aromáticas hace de escudo natural contra las plagas y enfermedades que pudieran atacar a nuestras amigas vegetales.

Entre las flores más utilizadas para este menester encontramos:

★ Rosa: reina de las flores mágicas, podemos encontrarlas de cualquier color. Usaremos la flor o los pétalos. Una rosa puede servir de comodín en cualquier hechizo.

★ Clavel: según el color utilizado, favorecerá temas emocionales o intelectuales, pero en general se utiliza el blanco para mejorar la concentración en el estudio, para potenciar la agilidad y flexibilidad mental, así como para temas espirituales que requieran de focalización.

★ Margarita: es una flor preventiva y protectora ante los cambios y las nuevas relaciones. Pero no le gusta estar sola, por lo que es interesante hacer una corona o un pequeño ramo, así como acompañarla de otro tipo de flor que potencie la intencionalidad del hechizo.

Existen también una serie de plantas que recomiendo utilizar en quemador por cómo afectan al campo energético y espiritual: la mirra nos ayuda a meditar; el incienso libera espiritualmente; el pachuli crea un ambiente estable y nos centra; y el sándalo nos atrae al «aquí y al ahora». Por sus propiedades, es interesante contar con estas plantas en nuestro baúl mágico y, además, utilizarlas a la hora de preparar un ritual o hechizo.

Cómo preparar nuestro pequeño huerto mágico

Cuando pensamos en un huerto, tendemos a imaginar un pedazo de tierra, una casa en medio del campo, un terreno lo suficientemente grande como para tener hortalizas, árboles frutales y hierbas. Siempre podemos buscar ese rincón y establecer allí nuestra vida; sin embargo, en muchas ocasiones, aunque vivamos en un pueblo y no en plena ciudad, el espacio del que disponemos es reducido y hay que saber aprovecharlo.

A la hora de plantar cualquier vegetal hemos de tener en cuenta el clima en el que vivimos, el sol que les llegará —la mayoría de aromáticas requieren de unas 6 horas de sol al día—, el tiempo del que disponemos para regarlas y cuidarlas, así como hacernos con un almanaque para saber en qué momento es mejor plantarlas.

Puedes empezar con esquejes de vivero o con plantas crecidas, pero mi experiencia es que es mucho mejor trabajar con semillas, puesto que estas crecen adaptándose a su entorno definitivo, además de que acaba por ser más económico.

Las plantas que comentaré más adelante no lo precisan, pero si quieres hacer plantel necesitarás preparar un semillero, que puedes preparar como he sugerido antes, con una huevera de cartón. Para ello solo necesitarás tierra rica en nutrientes, las semillas de la planta escogida y una zona con luz solar no directa y protegida de las inclemencias del tiempo —yo suelo hacerlo frente a una de las ventanas de la cocina—. Sigue las indicaciones para cada semilla, algunas solo precisan 24 horas en unos algodones húmedos para después plantarlas en maceta, otras necesitan llegar a ser un plantón antes de poder trasplantarse a su maceta definitiva. También verás que algunas precisan un hueco de la huevera por semilla, mientras que de otras podrás plantar más de una. Déjate aconsejar por los profesionales y lee los sobres donde vienen las semillas, así como los almanaques del agricultor.

Si quieres disponer ya de plantas crecidas, puedes comprar las perennes —más adelante especifico cuáles son— e ir haciendo plantel de plantas anuales y bianuales, realizando siembras escalonadas. De esta manera, al crecer, estarán más fuertes, serán más resistentes, vibrarán en consonancia contigo y vivirán más tiempo.

La luz del sol es imprescindible para que las plantas, especialmente en interior, crezcan correctamente, pero hay que vigilar si hace mucho calor o en épocas de verano, pues las de hoja fina sufren con el sol directo de la tarde y habrá que buscar aquel lugar que les permita recibir las primeras horas de luz y evitar las del mediodía y tarde.

También podemos cultivarlas en interior, siempre que el espacio cuente con los requisitos necesarios. Podemos usar jardines verticales, como hemos comentado antes, o algunas macetas que colgaremos del techo, para así aprovechar la luz y el espacio.

La mayoría de las hierbas aromáticas de las que hemos hablado —dejo fuera árboles y arbustos que necesitan espacio para enraizar y crecer—, pueden vivir felices en macetas y recipientes. A continuación, te dejo una lista de las más sencillas para empezar con buen pie:

★ Perejil: planta aromática fácil de cultivar, tanto en interior como en exterior, a la que no le gusta el calor. Es perfecta para crecer entre flores en maceteros más grandes y pequeños huertos urbanos. Si la plantamos en exterior, buscaremos semisombra y, si es en interior, hay que dejarla en un lugar donde le dé el sol directo.

★ Romero: ideal para terrazas, ventanas y balcones porque necesita muy pocos cuidados y adora el sol directo. Pensemos que crece salvaje en montes de secano.

★ Manzanilla: de hermosas flores, aroma dulce y múltiples usos, es una planta que se resiembra sola, año tras año, y que cultivaremos en el exterior.

★ Tomillo: la planta ideal para una jardinera en el balcón; requiere más cuidados que el romero, pero también disfruta del sol directo.

★ Menta: crecerá hasta en el recipiente más pequeño, siempre que esté en un lugar fresco y luminoso y no te olvides de regarla. Podemos tenerla tanto en interior como en exterior, pero no la pongas con otras plantas porque es muy invasiva y ha de estar en su propia maceta.

★ Lavanda: otra planta de exterior que, con sus flores de color violeta, llenará el aire de dulces aromas. Adora el sol y necesita un recipiente profundo para poder crecer, de unos 4 l.

★ Albahaca: aromática que crece en los espacios más pequeños, además de poder tenerla tanto en interior como exterior. Sin embargo, como el perejil, si la dejamos en el exterior buscaremos semisombra o la combinaremos en una maceta más grande con flores; si está en interior, buscaremos un lugar donde le dé mucho sol.

★ Salvia: como la lavanda, esta hierba aromática y mágica necesita un recipiente profundo, de unos 4 l, y mucho sol. Es una planta de exterior.

Ten en cuenta que cada planta tiene necesidades distintas, así que para decidir en qué recipiente la plantaremos, debemos tener en cuenta distintos factores: es necesario un buen drenaje para que las raíces no se pudran, pues para un buen desarrollo hay que evitar el exceso de agua, y un tamaño adecuado para la planta que crecerá en ella; la mayoría de aromáticas precisan macetas de 1 o 2 litros, aunque hay algunas, como hemos comentado antes, que precisan más espacio y/o más profundidad. En cuanto al material, ten en cuenta que el plástico se calienta mucho más que la cerámica, por lo que, si son plantas de exterior, escogeremos macetas de barro, mientras que para el interior nos van bien tanto estas como las de plástico u otros materiales.

Recuerda que, antes de plantar cualquier semilla o planta en una maceta compartida, primero hay que asegurarse de que sea compatible con sus vecinas. Las plantas mencionadas podemos juntarlas como antiplagas naturales junto a tomateras, plantas de pimiento, etcétera. Por necesidades de riego, por ejemplo, la albahaca y el perejil necesitan semisombra en el exterior y la misma cantidad de riego, y el tomillo, la salvia, la lavanda y el romero suelen crecer silvestres en las mismas condiciones.

También es interesante agrupar aquellas que tienen periodos vitales parecidos. Las plantas pueden dividirse en perennes, anuales y bianuales: las primeras necesitarán que las cambiemos de maceta según vayan creciendo, que las podemos en primavera y que vigilemos las temperaturas externas en invierno y verano, por si es necesario entrarlas a casa, cubrirlas o buscarles un poco de sombra —la lavanda, el romero, la menta, el tomillo y la salvia son algunas de ellas—; en cuanto a las anuales y bianuales, son plantas que precisan ser reemplazadas cada una o dos temporadas, pues, una vez realizado su ciclo, mueren —la albahaca y el eneldo son dos de ellas—.

Un truco para que tus plantas estén sanas y lozanas, además de tener en cuenta sus necesidades precisas, es que las vayas recolectando sin dañar la planta principal —sin llegar nunca a exceder la mitad de su volumen—. De este modo promueves su crecimiento, pero evitas que llegue a la madurez y a la fase final de su ciclo vital.

Plaguicidas naturales

Para proteger nuestro huerto, también podemos echar mano al poder del reino vegetal:

* ★ El ajo es un potente repelente de insectos. Licuaremos una cabeza de ajo con tres clavos de olor y dos vasos de agua. Dejaremos macerar la mezcla 24 horas y después le añadiremos 3 l más de agua. Lo podemos guardar hasta 15 días en una garrafa, en un lugar fresco y oscuro, para ir rellenando el espray con el que rociaremos la planta, incluso la tierra.

* El cilantro es ideal para terminar con los molestos ácaros. Herviremos dos buenos puñados de planta fresca en 1 l de agua durante 10 minutos. Lo colaremos y dejaremos enfriar. Lo rociaremos en la planta entera y en la tierra con un espray.

* La ortiga es excelente contra el pulgón ¡y además es fertilizante! Haremos una infusión fuerte con 100 g de ortiga verde fresca en 10 l de agua. Lo dejaremos reposar 4 días y podremos ir usándolo como el ajo.

* El tomate es otra planta que nos puede ayudar para repeler gusanos, orugas y pulgones. Picaremos las hojas —ricas en alcaloides—, las picaremos y diluiremos en 1 taza de agua. Dejaremos reposar la mezcla una noche entera y añadiremos 2 tazas más de agua. Lo pulverizaremos en el tallo y las hojas de la planta.

* La lavanda es un estupendo repelente de hormigas. Solo necesitamos una infusión de 300 g de flor de lavanda en 1 l de agua. Lo colaremos, dejaremos que se enfríe y ya podemos pulverizarlo por toda la planta. ¡Las hormigas la detestan!

Recolección, secado y almacenaje

Las plantas, como elemento orgánico, tienden a entrar en descomposición y en ellas pueden crecer hongos o insectos —de huevos que hubiera en su follaje—, por ello deben lavarse y guardarse de una manera muy concreta para que no se malogren.

Siempre es interesante que las recojamos nosotras mismas y así aprovechar para realizar algún hechizo en plena naturaleza, hacernos con otros materiales y respirar aire puro. Pero, si no es posible y necesitamos alguna en concreto, existen herbolarios que las venden a granel y de origen ecológico.

Cuando recogemos y secamos las plantas por nuestros propios medios, las estamos impregnando con nuestras vibraciones personales. En cuanto a las flores, que es mejor utilizar frescas, basta con salpicar sus pétalos con un poco de agua mientras nos concentramos en la intención.

Si finalmente somos nosotras quienes recogemos las plantas, es conveniente tener en cuenta un par de pasos básicos:

* No recolectar plantas tras la lluvia ni a primera hora de la mañana. Pues nos interesa recogerlas en el momento en que presenten menos humedad, para evitar hongos y putrefacción.

* Tampoco las recolectaremos en las horas de más sol, puesto que perderán parte de sus aceites esenciales.

* Tendremos en cuenta los tiempos de recolección, que podemos consultar en calendarios específicos.

* Las raíces y las cortezas deben recolectarse en otoño y ser preparadas para su uso; separando las partes aéreas de la planta y desechándolas.

* Utilizaremos unas tijeras o cuchillo afilado para cortar la parte de la planta que nos interesa, sin dañar la raíz ni matar el ejemplar.

* No recogeremos plantas que estén en el borde de los caminos o zonas transitadas.

* Tampoco recogeremos aquellas plantas que puedan estar en peligro o en zonas protegidas; lo consultaremos previamente.

Una vez recolectadas, procederemos a su secado, un proceso sencillo que podemos hacer en casa, siempre que tengamos espacio y que nuestros compañeros de piso estén conformes.

Para ello necesitamos un lugar aireado, sin humedad y al que no llegue el sol directo. La temperatura ideal es entre los 15 y 20 °C. Podemos repartirlas sobre una rejilla de mimbre o madera, separadas entre ellas, o colgarlas en hatillos envueltos en papel —no de periódico o tintado—.

Es muy importante que tengamos en cuenta qué parte de la planta vamos a secar, porque cada una tiene su proceso:

* Para las partes tiernas —hojas, flores y tallos— utilizaremos la técnica del colgado. Para ello, cuando las recojamos nos aseguraremos de cortarlas sin dañar la planta —nunca recolectaremos más de la mitad de esta— y sin las raíces. Las colocaremos en nuestra cesta en posición horizontal y, una vez lleguemos a casa, las limpiaremos de

hojas y flores estropeadas, así como de otras hierbas que se hayan colado en el proceso. Las juntaremos por ramilletes, las ataremos por la base con cordel de algodón y las colgaremos boca abajo, separadas entre ellas por unos centímetros.

★ Para hojas o flores necesitaremos un secado uniforme, por lo que precisaremos de rejillas o gasas sobre tablas para que permanezcan durante un par de semanas hasta que estén del todo secas —unos 6 días para las hojas y 8 para las flores, tiempos que varían según la estación del año y las condiciones de humedad y ventilación—. Mientras estén secando las cambiaremos de posición para que se sequen totalmente.

★ Para las raíces, primero debemos limpiarlas con cuidado. Las humedeceremos con agua, las secaremos con un trapo de algodón limpio y las dejaremos en rejilla, igual que las hojas y las flores.

Una vez secas, evitaremos los plásticos y las guardaremos en botes de cristal o cerámica, o en cajones de madera, con la fecha de recolección. Las revisaremos con frecuencia y debemos tener en cuenta que, según pasa el tiempo, las plantas medicinales pierden parte de sus propiedades, por lo que debemos consumirlas antes de que ocurra.

Cuando precisemos planta fresca, nos aseguraremos de recoger poca cantidad —la que necesitemos para nuestro preparado— para que no se marchite. Puedes guardarlas en la nevera, protegidas por un cono de papel.

Para los hechizos y rituales, las plantas, como las velas, solo se usan en una ocasión y con una intencionalidad concreta.

LA RUEDA DEL AÑO

En cada corazón del invierno,
hay una primavera que palpita.
Y detrás del velo de cada noche hay
un amanecer sonriente.

LAO-TSE

Las festividades dependen de la cultura y de la religión, pero su vibración está ligada a los cambios estacionales y astrológicos, por lo que es interesante tenerlas en cuenta para realizar algunos rituales.

Los celtas celebraban cuatro fiestas al año, que eran trimestrales y estaban relacionadas con la naturaleza y la influencia que esta tenía en sus vidas. Estos días especiales se han ido modificando con los años, aunque podríamos decir que actualmente los festivales de la rueda son los siguientes:

★ Samhain, el 31 de octubre, cuando se celebra la noche de los ancestros, la última cosecha y el fin del ciclo —de hecho es el fin de año para nosotras—, la fiesta de los muertos y el conocido Halloween. Con energías de cambio y renacimiento.

* Yule, el 21 de diciembre, la fiesta del solsticio de invierno reconvertida en Navidad. Una fiesta dedicada a la familia, los amigos y a los ancestros; a aquellos que ya no están, pero siguen con nosotros.

* Imbolc, el 1 de febrero, cuando celebramos la fiesta de la diosa Brígida, ligada al parto de las ovejas, la fertilidad y la abundancia.

* Ostara, el 21 de marzo, la fiesta del equinoccio de primavera, el festival de los árboles.

* Beltane, el 1 de mayo, la festividad de los fuegos de Bel, cuando se encendían hogueras por las que pasaban los animales para protegerlos de las plagas. Sus energías potencian la sexualidad.

* Litha, el 21 de junio, la fiesta del solsticio de verano. Celebraciones por la energía del sol y toda su vitalidad.

* Lugnasad, el 1 de agosto, la fiesta de Lug, la de la primera cosecha, el festival de las frutas en que se baila, bebe, come y se celebra la prosperidad y la alegría.

* Mabon, el 21 de septiembre, la fiesta del equinoccio de otoño y la segunda cosecha, antesala al fin del ciclo.

La mayoría de las fiestas que celebramos tienen mucho que ver con las mencionadas, por ejemplo, nuestro San Juan está muy relacionado con Beltane y nuestra noche de brujas y día de los difuntos con Samhain.

Los rituales que realicemos en estas fiestas tendrán que ver con su vibración, es decir, en Lugnasad celebraremos la prosperidad, haciendo un llamamiento a los espíritus benefactores; mientras que realizaremos un hechizo en Imbolc si deseamos, por ejemplo, conncebir.

El horologium florae de Linné

Fue el filósofo Jean-Jaques Rousseau (1712-1778) quien denominó a Carl von Linné (1707-1778) el Príncipe de los Botánicos. Linné, nacido en Suecia, fue un botánico famoso en su época y es considerado uno de los primeros naturalistas por sus expediciones para estudiar y descubrir el mundo vegetal, convirtiéndose en el padre de la taxonomía moderna, unificando los criterios de descripción. También fue Linné quien colocó por primera vez al ser humano dentro del mismo sistema de clasificación biológica que al resto de animales y vegetales y, de hecho, en su *Systema naturae*, del 1735, nos clasificó junto a varios tipos de monos dentro de los primates, pues compartíamos anatomía y nos diferenciábamos por la capacidad del habla; ya puedes imaginar qué le comportó ante la religión reinante, que consideraba al ser humano creación a la imagen de Dios.

Si observamos atentamente algunas flores, a lo largo del día veremos que se inclinan siguiendo el sol y se abren y cierran a horas distintas del día. Linné describió estos cambios en las plantas clasificadas como «æquinoctales», en su *Philosophia botanica*, del 1751. En ella comentaba que había flores que se abrían y cerraban a una hora concreta del día, variando según la especie, y así creó el *horologium florae*.

Es verdad que Plinio el Viejo (23-79 d. C) ya había observado tales cambios o que Erwin Bunning (1906-1990) hablaría de los ritmos circadianos en el reino vegetal, pero fue Linné quien recopiló toda esa información para crear el reloj floral.

Este reloj nos permite la observación del mundo vegetal que nos rodea y una comprensión más profunda y estética de este. Hay que tener en cuenta que, según donde vivamos, no tendremos las mismas plantas, pero con una breve investigación encontraremos por cuál sustituirla.

El *horologium florae* marcaba las horas del día según se abrían y cerraban las plantas. Si lo miramos por el lado izquierdo, empezando a las 6 h, encontramos las más madrugadoras:

* ★ De 5 a 6 h la amapola, la achicoria y la calabaza.
* ★ De 6 a 7 h la enredadera y la *Crepis rubra*.
* ★ De 7 a 8 h el hipérico, el nenúfar, el lirio de la hierba y el tusilago.
* ★ De 8 a 9 h la centaurea, la calta palustre y la anagalis.
* ★ De 9 a 10 h la margarita, la caléndula y la betónica silvestre.

* De 10 a 11 h la anémona de tierra, la spergularia y la vinagrera.
* De 11 a 12 h la cerraja, la aizoácea y la tigridia.

Ahora, mirando el lado derecho, con las de las 12 h, encontramos las plantas del mediodía:

* De 12 a 13 h la petrorhagia y, otra vez, la caléndula —la llamada «novia del Sol»—.
* De 13 a 14 h el hieracio y la anagalis.
* De 14 a 15 h el diente de león, de nuevo la calabaza y la achicoria.
* De 15 a 16 h el tusilago, el lirio de hierba y el hieracio rojo.
* De 16 a 17 h la vinagrera, el nenúfar y el dondiego de noche.
* De 17 a 18 h nuevamente la amapola.

Celebremos Ostara

La festividad de Ostara debe su nombre a una antigua divinidad de la primavera, que provendría a su vez de la antigua diosa de la fertilidad Ishtar. Las fiestas del mes de abril derivarían de ella, así como Easter, el nombre inglés para la pascua.

En Ostara se celebra el equinoccio de primavera con rituales, comidas y fiestas al aire libre. En Ostara y en Mabon es cuando el sol llega al punto más alto del cielo y los contrarios llegan al equilibrio, día y noche duran lo mismo. Hemos de tener en cuenta que son festividades regidas por un calendario distinto al nuestro, pues los celtas usaban un calendario que se regía por los ciclos lunares y solares, dividiendo el día en dos mitades —la primera mitad se iniciaba con la salida de la luna y la segunda con la del sol— y también el año —la mitad luminosa y la oscura—.

Ostara es la muerte del invierno y la resurrección de la primavera, de ahí que la religión cristiana tomara este festival de la rueda para su Pascua, momento de muerte y resurrección de Cristo. De hecho, esta es una fiesta que se celebra en todas las culturas con distintas formas según sus tradiciones y religión.

Sin embargo, la verdad es que se trata de una fiesta que simboliza el despertar de la tierra, la vida vegetal y animal que se abre paso, un renacer tras el invierno —tras la inactividad y la muerte—, el momento en que todo es más luminoso y colorido. Y es que las fiestas de la rueda del año son ritos de paso naturales, como las estaciones y el ciclo lunar, en que vemos reflejadas nuestras vidas: nacimiento, crecimiento, declive y muerte.

Las deidades ligadas a esta festividad, además de Ostara e Ishtar, son Frigg y Freya, así como el resto de las que rigen la fertilidad. Las costumbres antiguas han llegado hasta el día de hoy en forma de conejo de Pascua, pues la diosa Ostara se simbolizaba con una liebre —que significa fertilidad y vitalidad—, y por los huevos de Pascua, alimento que era muy frecuente en esta época y contiene una gran simbología en cuanto a la fertilidad, abundancia, renacimiento y el sol.

La comida típica de Ostara es una torta de pan preparada en honor a la diosa y la cerveza. También los huevos previamente decorados y pintados, que se regalan a amigos y familiares para desear prosperidad. Estos huevos se pintan en una especie de juego-ritual, en familia o con niños y para ello se eligen colores alegres y entramados que representen la naturaleza, las plantas germinando y el sol. Si además queremos potenciar su energía y convertirlos en amuletos que, al alimentarnos de ellos, nos concedan sus atributos, encenderemos una vela blanca mientras recitamos una breve cancioncilla que inventaremos nosotras mismas —o con ayuda de los niños— deseando todos los atributos de esta fiesta. La vela la dejaremos arder durante la festividad hasta que se consuma.

En esta época podemos recolectar lavanda, romero y salvia, que podemos utilizar para confeccionar un sencillo amuleto. Necesitaremos un trozo de tela blanca, algodón o lino, que pintaremos con motivos alegres y recortaremos para formar un huevo aromático. Lo coseremos dejando un agujero, le daremos la vuelta para esconder la parte cosida y dejar a la vista la parte pintada. Rellenaremos nuestro huevo de tela con las hierbas escogidas y un cristal de cuarzo rosa, y lo cerraremos con una cinta de color rojo o amarillo. Este amuleto lo colocaremos debajo de la almohada y nos protegerá al tiempo que atraerá salud y abundancia.

Plantas mágicas para el solsticio de verano

De forma tradicional e inconsciente, el alma y espíritu de las plantas vibran a nuestro alrededor, incluyéndose en los momentos importantes de nuestras vidas. ¿No te has fijado nunca que en las ceremonias que significan un rito de paso tendemos a llevar flores o a regalarlas? En las bodas y funerales, en los nacimientos y cumpleaños, cuando una persona recibe un premio o logra algo meritorio. También tendemos a decorar las mesas durante las celebraciones con velas y flores; un ritual que hemos vestido como algo estético y común, incluso superfluo, olvidando el verdadero significado que lleva implícito.

El número y color de las flores, así como el tipo de planta escogida, dicen mucho más de lo que creemos. Por ejemplo, el color rosa lo asociamos a la amabilidad y la dulzura, el rojo con la pasión, el amarillo con la amistad y el éxito... Pero eso siempre dependerá de dónde vivas, puesto que las creencias beben de la cultura autóctona y hay países donde el color amarillo tiene connotaciones negativas. En cuanto al número, en la magia siempre usaremos números impares para nuestros hechizos y pócimas por las energías implicadas, puesto que los números pares tienden a utilizarse en motivos que tienen que ver con la muerte, tradición que podemos ver reflejada también en el *feng shui*.

Así, vemos que la magia del mundo vegetal está presente en nuestras vidas desde que nacemos, por lo que no debe extrañarnos que en momentos clave de la rueda del año, como es la noche del solsticio de verano, esta esté presente también.

En Cataluña, por ejemplo, durante la Noche de San Juan se recogen una serie de plantas que después sirven para hacer remedios medicinales y la preciada ratafía. Depende del lugar de donde procedas, de donde sean tus ancestros o donde hayas decidido crear tu tribu, hay plantas que vibran en consonancia contigo y que es interesante incluir en tu altar y en tu herbario de bruja, así como en tu rincón feérico.

A continuación, te describo las llamadas 'plantas de la noche del solsticio de verano':

* El hipérico, también denominada «hierba de san Juan», recibe su nombre por Hyperion —que significa «el sol en lo más alto»—, dios que se casó con su hermana Tea —diosa de la vista—, con quien tuvo tres hijos: Helios —el sol—, Selene —la luna— y Eos —la aurora—.

  Las flores doradas del hipérico están en toda su plenitud durante la Noche de San Juan, por lo que se recolecta durante ese momento mágico.

  Es una planta que equilibra el sistema nervioso, ayudándonos a mantener la ansiedad y la depresión a raya. Además, es una planta que ahuyenta los malos espíritus y las tinieblas cuando la tenemos colgada en hatillos en nuestros hogares.

* La artemisa recibe su nombre de la diosa de la caza, los animales salvajes, el terreno virgen, las doncellas y los nacimientos —también era la que aliviaba las enfermedades de las mujeres—.

  Una infusión potente de artemisa —utilizando el doble de planta que usaríamos normalmente para una infusión—, dejada enfriar antes de colar, sirve para limpiar nuestras herramientas mágicas y protegerlas de energías externas.

  En forma de saquito aromático bajo la almohada, reforzada con una infusión de 1 cucharilla de planta seca por taza de agua, nos permitirá tener sueños mensajeros y visiones.

Si sentimos que una energía violenta y agresiva nos ronda, haremos un hatillo pequeño de esta planta, que pondremos en una bolsa de tela blanca y guardaremos cerca del corazón.

* La hiedra es una planta de brujas, llamada también la «planta de la inmortalidad».

Tomaremos un cuenco de cristal del tamaño de nuestra mano y añadiremos tres hojas de hiedra recolectadas bajo la luna del solsticio, añadiremos agua de lluvia —lunar o diamantina— y lo ofreceremos a nuestros espíritus en nuestro rincón feérico. Recuerda que unas palabras en forma de rima o canción atraerán su atención y favor, y podrás solicitar su ayuda, si así lo precisas.

* La verbena es una planta sagrada que aleja la negatividad y atrae los espíritus benéficos, su protección y, por ende, la alegría.

Una tradición del solsticio es confeccionar coronas de verbena y artemisa, decoradas con flores de hipérico, que se lucen durante toda la fiesta para que vibren con nosotras y, al final, lanzarlas a la hoguera mientras recitamos:

Que toda mala energía,
que todo espíritu maligno,
que toda envidia
y mal pensamiento...

Que lo malo se queme
y se aleje.

Para la noche de Samhain

Samhain es la noche del final del ciclo, cuando el velo es más fino y los espíritus pueden visitar libremente la tierra de los vivos. De hecho, la madrugada del 1 de noviembre es el inicio del año en la cultura celta, momento en que la energía es de cambio y renacimiento y la magia del reino vegetal se potencia; en especial en aquellas plantas que llamamos «de brujas», por sus efectos alucinógenos, las que se usaban para hacer el ungüento de bruja y para realizar viajes espirituales.

Entre estas plantas encontramos la calabaza, que nos acompaña en los cuentos de hadas y el folclore. La fiesta de Halloween las ha convertido en faroles; sin embargo, en un inicio, las linternas que debían espantar al diablo estaban hechas con nabos. La calabaza tiene propiedades medicinales y nos ayuda a eliminar parásitos intestinales —también el calabacín—, además de ser deliciosa tanto en crema como en pastel. ¡Y las flores de calabaza o calabacín rebozadas son una maravilla para el paladar!

También está la dedalera, con flores que parecen sombreritos de hada. Dicen que, donde crece esta planta, es porque bajo tierra se mueven los duendes. Es una planta muy venenosa según la dosis, ya que puede parar el corazón, pero que siempre ha sido muy apreciada por tener la capacidad de hacernos contactar con el mundo de los espíritus.

Las fiestas modernas dicen que nos disfracemos de personajes de películas de terror y pidamos golosinas de puerta en puerta, pero la tradición habla de fiestas y cenas alrededor de la luz de las velas, de ropas oscuras y rituales en que las personas no recibimos ofrendas, sino que las damos. Es la noche para recordar a aquellos que pasaron a otro plano, tanto a los nuestros como a aquellos que están perdidos o no tienen quién los recuerde.

Esa noche, decoraremos la mesa con frutos otoñales y prepararemos los platos y dulces tradicionales de nuestra tierra, ya sea pastel de calabaza o panellets. Es importante que pongamos un plato por comensal sin olvidar a nuestros invitados de honor, a quienes serviremos una fuente con dulces y frutos de temporada, vino, velas y flores.

Antes de empezar, encenderemos las velas con intencionalidad y diremos unas palabras en su recuerdo, sin olvidar encender otra vela frente a una ventana que dé al exterior, pensando en aquellos perdidos, como un faro para que encuentren el camino.

Esta ha de ser una fiesta alegre, de fin y principio, de dejar ir y empezar de cero.

Imbolc y la cruz de Brígida

Como os explico en *Magia Lunar*, Brígida o Brigit es la más importante de las diosas triples en la mitología celta, pues representa las tres etapas de la mujer: niña, madre y anciana. Brigit se relaciona con Dana, diosa de la fertilidad y de los días —como la propia Brigit, que es diosa de las corrientes—. De hecho, Dana significa 'aguas del cielo', pues proviene de *danu* —agua corriente—, de donde nace también el nombre del río Danubio. Dana es la madre de los dioses irlandeses y Brigit es la diosa que nos avisa del fin del invierno y de la oscuridad, así como de la llegada de la luz —los días se alargan— y de la primavera.

Durante la celebración de Imbolc, los días 1 y 2 de febrero, se festeja el fin de los días oscuros y la llegada de la luz, y la diosa laureada es Brigit. Una costumbre festiva que ha llegado hasta nuestros días consiste en confeccionar a mano la cruz de Brígida, que se cuelga de las puertas de las casas como protección ante todo mal y como símbolo para atraer los bienes de los que la diosa es portadora.

Trenzar la cruz es muy sencillo y es una actividad que podemos hacer en familia e incluso con los más pequeños. Haremos nuestra cruz con mimbre o espigas que trenzaremos y después anudaremos con hilo blanco —protección y abundancia— o rojo —prosperidad y fertilidad—.

Cuando tengamos nuestra cruz, encenderemos una vela blanca, que deberá arder durante los 2 días de Imbolc —reponiéndola, si es necesario— y, a su alrededor —de la vela y de la cruz—, formaremos una corona con pétalos blancos y semillas. Recitaremos unas palabras en nombre de la diosa y, al atardecer del segundo día, colgaremos la cruz de nuestra puerta.

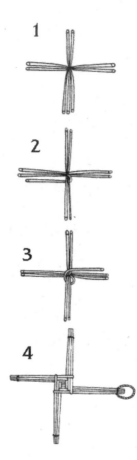

HECHIZOS Y RITUALES CON PLANTAS

*Hoy he crecido más alto por caminar
con los árboles.*

KARLE WILSON BAKER

El reino vegetal es el más antiguo de nuestro planeta, ha estado ahí antes de que el ser humano diera sus primeros pasos y gracias a él respiramos y nos nutrimos. Su energía y los espíritus que acompañan las plantas son tan antiguos que todas las culturas tienen nombres e historias sobre ellos. Pueden ser nuestras aliadas, limpiar, purificar, protegernos de las vibraciones negativas e intrusivas, ayudarnos a prosperar y generar abundancia.

Las plantas no solo son medicina para el cuerpo, la mente y el alma, sino que además pueden ser mágicas si sabemos cómo aprovechar y dirigir su energía e influencia. La verdadera magia es un diálogo entre nuestra esencia y la naturaleza. Hacer magia significa abrirnos a un lenguaje más antiguo que el ser humano, en el que encajamos como parte de un todo. Y ese lazo espiritual con el resto de los seres vivos, con el planeta, el universo y la energía que lo constituye, nos permite obrar milagros, hacer que los sueños se hagan realidad y ver más allá del velo.

Algunos practicantes de magia os dirán que existen materiales que son de magia negra, símbolos oscuros o animales demoníacos. Es cierto que existen gemas que, por ejemplo, pueden usarse para crear pesadillas y terrores nocturnos como la turmalina negra, pero curiosamente es la misma que, colocada con amor bajo la almohada de un ser querido, las disipa y alivia el insomnio. O el caso del ópalo, llamado también «la piedra de las brujas» porque potencia la intuición y resuena con todos los chakras, aunque también amplifica lo que ya existe. Es decir, si se la ofrecemos a una persona segura de sí misma y optimista, se sentirá aún mejor; pero, si se la damos a alguien que está en un mal momento vital, lo hundiremos. También existen plantas que, en exceso, en lugar de sanar causan enfermedad, como el boldo, muy utilizado en la medicina popular como planta digestiva.

Algunos ven en ciertos talismanes el símbolo del diablo, pero ¿qué hay de la esvástica hindú? Esta simboliza la suerte, el dios del Sol y la reencarnación. La podemos encontrar en distintas culturas a lo largo de la historia, como en la tradición celta, pero también sirvió como bandera al movimiento nazi, pues Hitler, conocedor de su poder, la utilizó para crearla.

El bien y el mal lo hacemos nosotros; nosotros lo pensamos, lo dirigimos y lo ponemos en marcha. La magia blanca y la magia negra solo se diferencian en un paso, en aquel límite que nos separa de los demás, que dice hasta dónde llega nuestra libertad y dónde empieza la del otro.

Todo hechizo de amarre, todo conjuro para atraer a una persona concreta o para hacer que alguien decida A o B —aunque creamos que es por su bien o que lo tiene merecido— es magia negra porque influimos en su libre albedrío y en su devenir.

Eso no quiere decir que no podamos atraer el amor, la prosperidad y las oportunidades a nuestra vida, solo que no debemos ponerles nombre y apellido. Podemos confeccionar y realizar un ritual para encontrar a esa persona que nos complemente, que nos comprenda y con quien podamos crecer y evolucionar, pero no desearemos que la dependienta de la tienda de tés, la que tiene esos ojos tan increíbles, pierda los papeles por nosotras.

Muchas veces nos ofuscamos, nos centramos en un objetivo y dejamos de ver las oportunidades que se presentan a nuestro alrededor. Quizá queremos tanto ese ascenso que seríamos capaces de arrebatárselo a otro, de pisotear a los que queden debajo para hacernos con él, cuando cabe la posibilidad de que no sea nuestro lugar ni nuestra oportunidad; quizá realizando un hechizo para atraer el trabajo que dará sentido y plenitud a nuestra carrera, acabamos fuera de esa empresa, en un puesto de menos responsabilidad, pero más creativo o cercano.

Cuando hablamos de magia y plantas, tendemos a pensar en pociones —como en Harry Potter y las clases del profesor Snape—, una serie de ingredientes en un caldero —como el de Hocus Pocus— y *pim-pam-pum*, tenemos un filtro que nos dé todo aquello que deseamos.

Las pociones o filtros son preparados que mezclan elementos vegetales, animales y minerales en un brebaje, mediante una preparación y palabras ritualistas que, supuestamente, nos conceden por medios ocultos nuestros deseos.

Fijémonos en que he usado las palabras «por medios ocultos» con toda la intencionalidad, puesto que la mayoría de ungüentos, pociones, pomadas, etcétera, que aseguran que tus deseos se harán realidad al ponértelos o beberlos —o hacerlos tomar a otra persona— son dominio de la magia negra, pues lo que hacen es trabajar sobre la energía de quien realiza la demanda y de quien es el foco de sus deseos, creando así un vínculo y obligando a pensar, sentir y actuar a otro según los propios deseos. De esta manera se pueden generar pasiones u odios, enfermedad o salud milagrosas, sonambulismo, pesadillas y alteraciones sensoriales, hasta llevar a otros a la locura.

Este es el tipo de magia que vemos en los cuentos de hadas, en el folclore y las leyendas, donde las brujas son seres nocturnos y profanos que hacen tratos malignos y venden deseos al por menor.

Sin embargo, en este libro tratamos la magia blanca y natural. Solo nos ocupamos de las sustancias que podemos obtener del reino vegetal y, si lo deseamos, de algún mineral que pueda potenciar los efectos sin alterar ni afectar el libre albedrío de ninguna persona, atrayendo la energía positiva y protegiéndonos de la negativa.

Prepárate para hacer magia

Si ya has leído *Manual de Magia Moderna*, sabrás que es necesario mantener tu cuerpo y mente limpios, meditar antes de cualquier hechizo o ritual, y limpiar y energizar la estancia donde vas a hacer tu magia. Los hechizos y prácticas que describo en este manual no requieren de tanta preparación pues, como en *Magia Lunar*, las energías que se manejan con las plantas agradecen los preparativos y no tienen por qué ser conflictivas —pese a que sus espíritus puedan tener un carácter juguetón y existan plantas que, según la dosis, puedan ser venenos—. Así pues, siguiendo los pasos de este libro, en consonancia con tu intuición, podrás realizar tus trabajos mágicos de forma efectiva y segura.

Siempre recordaremos que es nuestra actitud y voluntad lo que condiciona qué atraemos y recibimos; con negatividad atraeremos conflicto y duda, y con positividad atraeremos revelación. El secreto último para el éxito de cualquier hechizo es nuestra propia energía y nuestra capacidad personal para atraer, concentrar y focalizar las vibraciones de la energía universal.

La intención clara del ejecutante es imprescindible. Por mucho que nos hagamos con los mejores ingrediente, que potenciemos la eficacia con símbolos y talismanes y que lo hagamos a la hora propicia y buscando el favor de los espíritus y dioses que rigen el asunto, si nosotras no estamos concentradas y limpias de otras preocupaciones, el hechizo será un completo fracaso.

Las plantas, velas, gemas... Todos los instrumentos actúan a través nuestro; de hecho, cuanta más experiencia tienes, menos precisas. Eres tú quien ha de hacer magia, no la vela o la gema, que son simples medios para que domines y canalices las vibraciones apropiadas.

Un paso esencial para cualquier hechizo es preparar tu cuerpo y tu mente para realizarlo con éxito. Se trata de que apartes todos los problemas y circunstancias vitales que te alejan de ti misma y recuperes tu esencia, tu fuerza y concentración, de forma serena y en consonancia con la Madre Tierra.

No es obligatorio realizar todos los pasos que describo a continuación, pero estos, como explico en *Manual de Magia Moderna*, permiten limpiar nuestra energía y todos los campos de nuestro ser, desde el físico al más sutil, permitiendo que nuestra voluntad llegue a esferas que normalmente ni rozaríamos en nuestro vibrar diario.

Una de las fuentes conservadas más antiguas en cuanto a magia proviene del antiguo Egipto. Los egipcios tenían muy claro cómo influía todo aquello que ingeríamos en nuestra energía, por lo que, antes de cualquier ritual, hechizo o día sagrado, realizaban una dieta que depuraba las vibraciones y evitaba las interferencias.

Hoy en día lo tenemos fácil, puesto que podemos encontrar alimentos vegetales, frescos y de temporada cerca de casa. Y digo esto porque, la manera que tenían de limpiar su cuerpo y energía era eliminando cualquier alimento de procedencia animal —nada de carne o pescado, huevos ni lácteos— y tomando solo vegetales durante las 12 horas previas al momento señalado.

Puedes disfrutar de las sopas, zumos y batidos comentados anteriormente y eliminar también las bebidas y alimentos estimulantes —como el café, el té, el alcohol, las bebidas azucaradas o el chocolate— y los medicamentos que no sean imprescindibles, sustituyéndolos por tisanas.

La presentación siempre nos ayuda a meternos en el papel y enfrentar situaciones, de ahí que vigilemos hasta el último detalle de nuestra indumentaria cuando vamos a una entrevista de trabajo o a una primera cita. No necesitamos túnicas ni caros elementos de decoración, pero un vestido blanco o acorde a las vibraciones que deseamos invocar, una corona de flores o un jarrón con un pomo de 3 a 5 plantas escogidas por su energía y significado son siempre buenos compañeros que nos dispondrán, psicológica y sutilmente, al trabajo que vamos a realizar.

Además, mantenernos limpias físicamente favorece el intercambio de vibraciones, por lo que aconsejo un baño o ducha, aprovechando los explicados en este libro.

Si lo deseamos, también podemos ungirnos a nosotras mismas con un aceite que habremos elaborado previamente. En un botecito de cristal de 10 ml mezclaremos aceite de almendras dulces —como base—, con 20 gotas en total de los siguientes aceites esenciales: geranio, lavanda, loto, neroli e ylang-ylang. También añadiremos un pequeño cristal de cuarzo y dejaremos que repose una semana antes de utilizarlo por primera vez. Hay que guardarlo en un lugar oscuro y aireado.

Con este aceite, tras el baño o ducha, nos ungiremos manos, frente y pies.

Cuando frotemos las manos recitaremos:
Que mis manos guíen la energía en armonía con mi corazón.

Cuando untemos la frente, diremos:
Que mi concentración sea verdadera para obtener mis objetivos.

Y cuando masajeemos los pies:
Que mis pies siempre recorran el camino del honor y la luz.

Finalmente, después de limpiarnos por fuera y por dentro, de ungirnos y evitar intrusiones energéticas, hemos de preparar nuestra mente y evitar ideas repetitivas que, como gusanos en una manzana, van horadando hasta que se nos escapa el verdadero propósito de lo que estamos haciendo.

Para ello, recomiendo realizar una meditación sencilla antes de cualquier hechizo o trabajo mágico, ya sea preparar un ungüento o hacer un ritual para una fiesta de la rueda del año.

Para ello encenderemos una varilla de incienso natural y una vela blanca y nos sentaremos en forma de flor de loto o medio loto, con la espalda recta —si te resulta difícil, busca una postura cómoda, como sentada en una silla— y nos concentraremos en la respiración mientras, con los ojos entrecerrados, observamos la llama de la vela.

Lentamente, centradas en la respiración y la vela, sentiremos cómo las preocupaciones y pensamientos del día a día se alejan; no porque se vayan, sino porque pasan a un segundo plano, como las nubes en el cielo, que siguen ahí pero no tenemos por qué prestarles atención.

Dejaremos que nuestra respiración se acompañe y se vuelva natural, como las olas del mar, que van y vienen, y centraremos toda nuestra atención en la llama, en la energía del fuego y en la intención del trabajo mágico que vamos a realizar.

En ocasiones, cuando hacemos este ejercicio, la llama empieza a crecer, a alargarse y contonearse; no te preocupes, es buena señal.

Cuando terminemos, realizaremos tres respiraciones profundas para volver al aquí y al ahora, apagaremos la llama con un apagavelas o entre los dedos humedecidos —nunca soplando— y podremos empezar a hacer magia.

Ducha purificadora

Como explicaba antes, es interesante mantener nuestro cuerpo limpio para un correcto intercambio vibracional y para que energías externas, que se nos adhieren en el día a día, no interfieran.

Para esta ducha necesitaremos una bolsa de tela natural o un calcetín nuevo de algodón —también venden bolsas para hierbas que pueden sernos de utilidad—, una ramita de romero, tres hojas de eucalipto con sus flores, un par de rodajas de limón, un puñado de flores de lavanda y un cristal de cuarzo.

Combinaremos los ingredientes dentro de la bolsita y la colgaremos de la alcachofa de la ducha para que infusione con el agua caliente.

Encenderemos una vela blanca con la intención de limpiar, energizar y proteger, y apagaremos la luz.

Entraremos en la ducha y encenderemos el agua caliente. Imaginaremos que toda la energía residual adherida, así como las emociones y pensamientos negativos, se deshacen y resbalan por nuestra piel, colándose por el desagüe.

Entonces recitaremos:

Limpio mi mente, mis emociones,
mi cuerpo y mi espíritu.
Las energías negativas se van y alejan,
no pueden pararme ni confundirme.
Con esta agua, con esta energía pura,
yo me limpio. Estoy limpia.
Que así sea, así es, así será.
Gracias, gracias, gracias.

Cuando salgamos, apagaremos la vela con un apagavelas o entre los dedos humedecidos. La podemos guardar en un trapo blanco de tela natural para volver a usarla en la próxima ducha.

Después de la ducha podemos ungirnos como he explicado anteriormente.

Esta ducha podemos realizarla en cualquier momento en que lo necesitemos, quizá hemos tenido un día duro en el trabajo o no nos hemos levantado con buen pie. Este sencillo ritual nos permite desconectar de lo negativo y limpiar nuestras energías sutiles y campos físico, mental, emocional y espiritual.

Llamas verdes

A lo largo de todo el libro menciono las velas como una parte fundamental en la mayoría de los trabajos mágicos porque son una de las herramientas básicas en la magia.

Ya sea para un ritual o hechizo, para una meditación o para atraer y eliminar ciertas energías de un ambiente, las velas tienen un poder que no imaginaríamos a simple vista. Las costumbres de las velas en los cumpleaños, encender una por un ser querido que no está o para pedir favores a santos y dioses, son rituales sencillos que han llegado hasta nosotras desde la antigüedad y que, bien encaminados, pueden ayudarnos en nuestro día a día.

Las velas atraen la fuerza telúrica de la Tierra, concentran la energía del fuego y convocan las vibraciones etéreas; por ello tienen poder sobre nuestro entorno inmediato, pero también sobre las energías del plano astral. Es importante conocer sus capacidades, así como la forma de disponerlas, ungirlas y utilizarlas con propiedad. Los resultados de un hechizo con velas dependerán de la cantidad, el tamaño, el color, la ubicación, los instrumentos a su alrededor y, especialmente, de la intencionalidad y concentración de quien les dé uso. Ahora bien, en este manual solo utilizaremos una vela central, por lo que, si quieres profundizar, puedes leer el apartado de magia con velas en *Manual de Magia Moderna* y también existen obras muy interesantes sobre el tema.

En cualquier caso, la vela es la herramienta más eficaz a la hora de canalizar las energías cromáticas, por ello es muy importante escoger bien el color de la que utilizaremos, ya que equilibrará o potenciará las energías del hechizo.

Es interesante disponer en casa de velas de distintos tamaños y colores. Las más interesantes son aquellas cilíndricas de un palmo de altura que hoy en día podemos encontrar en tiendas de decoración de hogar, pero también algún cirio, velas flotantes, etcétera. Hay quien dice que las velas ha de confeccionarlas una misma y, si tienes tiempo y puedes hacerlas, es una forma de crear herramientas ya impregnadas con tu esencia desde un inicio; sin embargo, las que compramos son igual de útiles y mucho más económicas, solo habrá que ungirlas previamente a su uso.

El blanco no ha de faltar nunca, pues lo podemos utilizar para casi todo; es el gran comodín: purifica y potencia. Y no olvidaremos las verdes, que refuerzan y equilibran. En este punto nos iría bien recordar la breve tabla cromática que explicamos con anterioridad en este manual. Es muy importante que las velas estén teñidas uniformemente, sin difuminar ni contener dibujos o rayas; cualquier cambio en el color puede interferir en la energía de la vela.

También precisaremos de bases individuales de materiales naturales: arcilla, cerámica, cristal... Nunca sintéticos. Si utilizamos algún metal, tendremos en cuenta su significado dentro del hechizo, pues sus vibraciones pueden potenciar o dar al traste con nuestras intenciones. Y si hacemos uso de algún platito, no hay que utilizarlo después para la cocina, pues debemos recordar que todos los objetos quedan impregnados de las energías que los rodean y solo deben ser de uso mágico.

Además, dispondremos de cerillas o de una mecha para encender las velas, nada de encendedores.

La vela condensa nuestra fuerza y voluntad en el momento de realizar el hechizo, transmitiéndolas y orientándolas, por lo que es necesario tratarla adecuadamente.

Como cualquier otro material que vayamos a utilizar en nuestros trabajos mágicos, es necesario limpiarlas adecuadamente antes de su uso. A continuación, os explico cómo me enseñaron a hacerlo a mí: necesitaremos un quemador con un poco de carbón natural y una mezcla compuesta por 1 cucharadita de romero, 2 hojas cortadas de laurel y 1 cucharadita de salvia.

Ahumaremos las velas con esta mezcla y las limpiaremos de posibles energías residuales, a la vez que las impregnaremos de las vibraciones de las plantas, como la del laurel, que ayuda a que el hechizo que vayamos a realizar sea un éxito.

Encenderemos el carbón y añadiremos las plantas. Cuando empiecen a ahumar, pasaremos las velas —a una distancia prudencial— con la intención antes mencionada y, si queremos, repetiremos un conjuro de refuerzo.

Con el alma de estas plantas se purifica y refuerza el instrumento que tengo entre las manos. Que así sea, así es y así será.

Una vez realizado este primer paso, imaginaremos que alrededor de la vela hay una segunda piel de energía residual y, al percibir su vibración con los dedos, la pelaremos y arrancaremos para purificar la superficie. Cada pedazo de piel la soplaremos hacia el universo para que la energía sea reciclada.

Antes de guardar las velas, que envolveremos en tela de algodón —u otro tejido natural y blanco—, debemos ungirlas e impregnarlas de nuestra energía e intención. Para ello necesitaremos aceite de oliva de buena calidad y mucha concentración.

Recomiendo meditar previamente al momento de ungir las velas para así concentrar nuestra energía y potenciar nuestra intención. Tras meditar unos 10 minutos, centrando nuestra voluntad en impregnar las velas con nuestra energía, nos pondremos un poco de aceite en la palma de la mano —con el tamaño de un garbancito hay más que suficiente— y tomaremos una de las velas. Realizando respiraciones profundas, impregnaremos la vela de abajo arriba y, después, de arriba abajo. Sentiremos como se va cargando de energía y, si queremos potenciarlo, recitaremos un conjuro.

Aquí y ahora, transmito mi poder y voluntad
a este instrumento, que utilizaré para el bien.
Que así sea, así es, así será.

Siempre es mejor si lo redactamos nosotras mismas, con nuestras propias palabras.

Si queremos tener algunas velas preparadas con propósitos concretos —para potenciar las vibraciones amorosas, para limpiar una estancia, para fomentar la concentración...—, recitaremos un nuevo conjuro orientado a ese fin.

Una vez ungidas, guardaremos las velas donde nadie las vaya a usar por equivocación.

Prepara aceite mágico

Necesitaremos una botella transparente de cristal azul, un buen aceite de oliva como base, 20 gotas de aceite esencial de menta, un puñado de hojas de menta fresca y 1 palito de canela.

Pondremos todos los ingredientes dentro de la botella, dejando dos dedos de margen, y cerraremos la botella con un tapón de corcho. Lo mantendremos macerando una lunación completa, escondiéndolo de la luz directa del sol, en un lugar fresco, pero sacándolo a la influencia lunar un par de horas cada noche.

Este aceite combina las propiedades y vibraciones de la menta y de la canela, por lo que es un poderoso aliado que energiza cualquier herramienta o trabajo mágico, además de conferir una carga sensual que podemos utilizar para atraer energías afines a nuestra vida. Podemos usarlo para ungirnos antes de un hechizo o para las velas.

Si queremos atraer abundancia económica, ungiremos con intencionalidad una moneda y la guardaremos, enfundada en un trozo de tela amarilla, en nuestra cartera.

Amuletos verdes y herramientas mágicas

La recolección y creación de herramientas mágicas es parte del trabajo de todas las que queramos realizar magia y trabajar con las energías de la naturaleza. Es posible que no nos sea posible recoger nuestros propios materiales, pero, si podemos escaparnos a la naturaleza y conseguirlos de la propia fuente, nuestros rituales y amuletos nos lo agradecerán.

Los amuletos y talismanes son confundidos muy a menudo, pero en realidad ni son lo mismo ni se hacen de la misma manera.

Los amuletos son tan antiguos como la espiritualidad del ser humano. Desde que este empezó a creer en el destino y la mutabilidad de la fortuna, así como en los espíritus y dioses de la naturaleza, creó amuletos. Estos pueden ser o estar compuestos de cualquier objeto, lo importante es la energía que «pongamos» en ellos. Suelen ser de protección y de atracción de energías positivas. Como los guardianes de arcilla que hicimos en el capítulo de nuestro rincón feérico o los saquitos que veremos a continuación.

En cambio, los talismanes son únicos e intransferibles. Es decir, cada talismán está creado según la persona que lo va a llevar. El día y hora de nacimiento, la numerología que rige sobre él, el propósito para el que necesita el talismán... Todo ello creará un talismán distinto a cualquier otro. Normalmente están forjados en metales preciosos con algunas gemas, según el planeta o signo zodiacal.

Hoy en día podemos encontrar supuestos talismanes en tiendas especializadas y mercadillos y, si bien es cierto que los símbolos son fuentes de poder, estos son piezas de joyería, no talismanes, puesto que no se han creado para nosotros. Aunque sí podemos utilizarlos como amuletos, potenciando la energía e influencia de este gracias a los símbolos grabados en el medallón.

En este manual nos centramos en la construcción de amuletos, que requiere materiales más accesibles y podemos confeccionar nosotras mismas y regalarlos a nuestros seres queridos. Eso sí, se trate de un amuleto o de un talismán, no debemos dejar que otras personas los toquen, esto alteraría y confundiría sus vibraciones y dejaría de hacernos buen servicio.

UNA PLANTA PARA CADA PROPÓSITO

Si no escalas la montaña, jamás
podrás disfrutar del paisaje.

PABLO NERUDA

La libertad para una sacerdotisa verde es vital. Debemos dejarnos sentir y vibrar, participar de la naturaleza y guiarnos por nuestros instintos, por los hilos invisibles que nos mueven en entornos naturales. Es por ello por lo que ningún hechizo o brebaje está del todo cerrado y te invito a experimentar. A continuación, te ofrezco una guía sencilla sobre elementos naturales y cómo pueden ayudarte en lo que necesitas. Juega, experimenta y disfruta.

VIBRACIÓN / INTENCIÓN	PLANTAS
Relajación / paz	Mejorana, azafrán, lavanda, benjuí
Descanso / dormir	Lavanda, sándalo, mirra, amapola
Sueños lúcidos / profecía	Salvia, lúpulo, artemisa, laurel
Meditación / lucidez	Incienso, mirra, enebro, pachuli
Creatividad / imaginación	Anís, menta, naranja, romero
Limpieza / purificación	Pino, incienso, romero, cedro
Fuerza / energía	Clavo, rosa, artemisa, tomillo
Sensualidad / atracción	Canela, vainilla, lirio, rosa

Poción para amarse

Cuando hablamos de hechizos o filtros de amor siempre miramos hacia afuera. En ocasiones, incluso nos cuesta enfrentar nuestro propio reflejo a causa de todos los mensajes negativos y limitadores que hemos recibido desde niñas.

Una de mis primeras maestras siempre me preguntaba cómo pretendía querer a alguien si no sabía quererme a mí misma, de qué manera iba a cuidar a los míos si yo no me cuidaba.

Para que el amor llegue a nosotras, hemos de amarnos a nosotras mismas primero. Esta poción abre las puertas de nuestro corazón, de nuestro chakra solar, y permite que las energías enquistadas fluyan. Este es un primer paso para un trabajo interior que tendrás que realizar cada día y que, siempre que lo necesites, puedes volver a preparar y beber para recuperar fuerzas y amor.

Necesitarás una tetera de cerámica, una taza, una cucharilla de madera, agua de luna y 1 cucharadita de hierbas mágicas por taza de agua de una mezcla compuesta por: 2 cucharadas de pétalos de rosa, 2 cucharadas de flor de lavanda, 1 rama de canela cortada a trocitos y 2 cucharadas de hibisco.

También precisaremos de un espejo y de una vela rosa.

Después de meditar, y con la caída del sol y la llegada de la noche, encenderemos la vela y tomaremos el espejo. Nos contemplaremos durante unos minutos como si no nos conociéramos, como si fuera la primera vez que nos vemos, deteniéndonos en cada detalle: el color de los ojos, la comisura de la boca, las pecas sobre la nariz o las arruguitas de tanto reír... En voz alta y con intencionalidad nos diremos tres cosas buenas —no necesariamente físicas, pueden referirse a nuestra fortaleza, a nuestra manera de tratar a los demás, a nuestro humor...—.

Removeremos la mezcla de la tetera con la cucharilla en la dirección de las agujas del reloj y recitaremos:
Remuevo y remuevo, limpiando el pasado.

Serviremos el té en la taza:
Bebo amando el presente.

Beberemos:
Que mi amor vibre y el reflejo me devuelva.

Dejaremos que la vela se consuma y tomaremos tres tazas de esa infusión.

Cómo hacer agua lunar

Este es un elemento mágico que podemos utilizar para lavarnos el rostro y hacer preparados herbales —aguas de flores e infusiones—, así como para limpiar herramientas, regar nuestras plantas y para nuestro rincón feérico.

Esperaremos a que el cuarto creciente inicie su andadura por los cielos. Esa noche, justo al atardecer, hemos de colocar una jarra o botella de vidrio en el exterior, allí donde le dé la luz de la luna. La taparemos con corcho, madera o tela, nunca con metal. Estará a merced de los elementos y la influencia lunar hasta la noche de luna llena.

Esa noche, al atardecer, colocaremos el agua en un cuenco de cristal transparente en el que añadiremos un cristal de cuarzo blanco. Cuando la luna sea visible en todo su esplendor en el firmamento, invocaremos con nuestras palabras su energía y favor:

Hermana, Madre, Diosa,
guíame en mis gestos,
acompáñame en mi camino,
que este elemento,
que el espíritu del agua,
se convierta en luz
a través de tu mirada.

Lo ideal es que la luna se refleje en las aguas, pero, aunque esto no sucediera, su influencia habrá cargado tanto el agua como el cristal de roca.

Devolveremos el agua lunar a la jarra o botella. El cristal de roca nos servirá de amuleto y podremos volver a cargarlo cuando preparemos más agua.

El nudo de la bruja

Este es un símbolo de poder que podemos dibujar para añadir a un amuleto con plantas de poder y cristal de cuarzo, trenzar con espigas que podemos colgar en nuestra habitación de trabajo o frente a nuestro altar, o grabar en un círculo de arcilla para llevar colgado al cuello.

En cualquier caso, el nudo de la bruja es un amuleto de protección que representa el poder personal y femenino. Es de origen celta y está formado por cuatro aspas que simbolizan los cuatro elementos y las cuatro direcciones cardinales. El círculo del centro te representa a ti, es decir, a la persona que recibe la fuerza y la protección del amuleto o, si lo cuelgas en una habitación y se lo regalas a alguien, representará la unidad familiar o a esa persona en concreto.

Trucos para atraer la prosperidad y la abundancia

A veces parece que estamos bloqueadas: el dinero sale, pero no regresa a nosotras, nuestros proyectos no llegan donde deberían, no evolucionamos en nuestra carrera y nos sentimos como ballenas varadas en la playa. Toda nuestra potencia y capacidades no hacen más que ahogarnos porque no podemos llevarlas a término.

Si te pasa alguna de estas cosas, puede que las interferencias o tus propios pensamientos limitantes te estén frenando. A continuación te dejo tres trabajos mágicos sencillos para potenciar la abundancia y atraer la prosperidad a tu vida.

El dinero que llega a nosotras está impregnado de múltiples energías y deseos, muchos de ellos negativos y enfermizos; por ello, para mantener una vibración alta que atraiga la abundancia, prepararemos un saquito con tela natural de color marrón o naranja y dentro pondremos un puñadito de ruda y un anillo de plata. Mientras lo preparemos, podemos encender una vela blanca y recitar unas palabras para llamar a esas energías. Guardaremos el amuleto en el bolso o la cartera.

Podemos atraer la prosperidad a nuestro hogar con un gesto sencillo que es una de las costumbres practicadas por el *feng shui*. Necesitaremos una botella o tarro de cristal, una rama de canela, semillas que hayamos recogido en un paseo por la naturaleza, un puñado de arroz y tres monedas. En el recipiente iremos añadiendo los ingredientes, visualizando cómo llega todo lo que necesitamos: amor y amistad, abundancia, creatividad y proyectos... Después escribiremos en tres trocitos de papel de color naranja o dorado afirmaciones como: la riqueza fluye hasta mi hogar, en mi hogar siempre hay abundancia, mi hogar es próspero. Elige las palabras que más te representen. Colocaremos la botella en un lugar visible de la estancia más concurrida de la casa. Es un ritual que podemos hacer con la entrada de la primavera y renovar cada ciclo.

Si sientes que la energía de la abundancia todavía no fluye como debería o que hay algo que te bloquea, espera a la próxima luna llena y prepara un baño —o una ducha— con hojas de albahaca fresca, pétalos de flor amarilla y hojas de laurel. Enciende una vela acorde a tus necesidades, apaga la luz y, mientras te bañas, siente la influencia de la luna, percibe su energía y pide su favor.

Puedes repetir este baño cada luna llena, mientras sea necesario.

Confecciona tu péndulo

Mi recomendación es que hagas este trabajo mágico en primavera, en plena naturaleza. Es un trabajo sencillo, ideal para introducir a los más pequeños de la casa en la magia y disfrutar de un día al aire libre. Puedes preparar un pícnic, encontrar un bonito paraje y disfrutar bajo los árboles en flor. Lo más importante es que puedas meditar y relajarte antes del ritual.

Necesitaremos arcilla para modelar, hilo de algodón, una cuenta de madera, pinturas y un palillo.

Este es un ejercicio pensado para realizar en un día. Es decir, lo moldearemos por la mañana y lo pintaremos al mediodía o a primera hora de la tarde.

Elegiremos los colores por intuición, tanto el del cordel como las pinturas y la cuenta de madera.

Tras meditar, nos sentaremos de forma cómoda y tomaremos una bolita de arcilla entre las manos. No precisamos de palabras ni altares, pues la naturaleza nos provee con todo lo necesario. Solo cerraremos los ojos y sentiremos cómo la energía fluye hacia ese pedacito de tierra que hay entre nuestras manos. Lo amasaremos y apretaremos según sintamos, creando una bola, un óvalo o un gusano.

Insertaremos el palillo para crear un agujero por donde pasaremos el cordel y dejaremos que se seque al sol sobre una tela de algodón blanca.

Durante ese tiempo podemos realizar otros hechizos, meditaciones, recolectar materiales y pasear.

Cuando se haya secado nuestro péndulo, enhebraremos el cordel y lo pintaremos. No debemos forzar la pintura ni buscar un significado racional, simplemente dejaremos que nuestras manos sean intuitivas. Lo colgaremos de la rama de un árbol para que se seque y energice —antes pediremos permiso al árbol y solicitaremos su colaboración—.

Finalmente, colocaremos la cuenta y guardaremos el péndulo en la tela blanca. Podemos utilizarlo inmediatamente tras su preparación. Lo guardaremos en su tela tras cada consulta y, para limpiarlo, lo pasaremos por el humo de un incensario.

Realizaremos su programación tal como se explica en el capítulo sobre la radiestesia.

Hechizo para onironautas

En las películas y en los libros, las brujas tienen capacidades místicas, pueden hablar con el más allá y con los espíritus de la naturaleza, que se mueven por planos paralelos al nuestro y que normalmente no podemos ver. Sin embargo, comunicarse con energías sutiles e incluso con nosotras mismas —con nuestro inconsciente, con nuestra yo niña, nuestra yo madre, nuestra yo sabia— precisa de una sensibilidad y una capacidad de entender el lenguaje simbólico que ha de entrenarse.

El mundo sutil se comunica con nosotras a todas horas; es como el lenguaje corporal de una persona, que podemos entender o no, que podemos captar o puede pasarnos desapercibido. Recibimos información constantemente y, para no colapsar, nuestro cerebro la filtra hasta que, al final, nos queda la realidad que vemos. Sin embargo, eso no significa que el resto de información se pierda.

Todos esos mensajes y datos están ahí, y es lo que «digerimos» mientras dormimos. Los sueños y pesadillas son la manera que tiene nuestra mente de hacernos llegar toda esa información para que podamos aprehenderla.

Es cierto que —como en *Sandman* de Neil Gaiman— los sueños están plagados de metáforas, simbolismo y arquetipos, pero lo maravilloso es que soñamos cada noche, por lo que tenemos oportunidades de sobra para entrenar y practicar hasta entender qué nos están intentando decir.

La forma más sencilla para comunicarse con otros planos y recibir respuestas a nuestras dudas y problemáticas es a través de los sueños y para ello debemos provocar sueños lúcidos. Fue el psiquiatra holandés Frederik Vaniden, en 1911, quien acuñó el término. Cuando nos referimos a sueños lúcidos hablamos de aquellos momentos en que comprendes que estás soñando y, sin embargo, no despiertas, sino que eres capaz de interactuar con el entorno y, por ello, trabajar con los personajes e información que contienen.

Para contactar con energías que nos ayudarán y guiarán, prepararemos una infusión con una pizca de lúpulo —es muy amargo—, ½ cucharadita de amapola, ½ de lavanda y ½ de salvia por taza de agua hirviendo. La tomaremos 1 hora antes de ir a acostarnos, asegurándonos que ese día la cena sea ligera y la tomemos mínimo 3 horas antes de ir a dormir, para evitar que la digestión interfiera en nuestros planes.

Tendremos preparada una vela negra —que remueve las energías y permite su movilización—, una llave de hierro —que habremos limpiado y ungido previamente—, un saquito de sal —en *Manual de Magia Moderna* explico cómo hacer sal consagrada—, un trocito de palosanto, un hatillo confeccionado con laurel, salvia, ruda, artemisa e hipérico. También necesitaremos un carboncillo natural, un trozo de pergamino —también puede ser un trozo de papel blanco— y un cuadrado de tela natural de color violeta.

Nos haremos con dos gemas: la celestita, que nos aporta claridad mental, despeja la mente y mantiene las preocupaciones diarias a raya; y la amatista, que es una gran gema protectora y aleja las energías negativas, así como los pensamientos y emociones desagradables.

Antes de ir a la cama encenderemos el palosanto y pasearemos por nuestra habitación repitiendo:

Limpio mi santuario de energías intrusas.
Solo la guía es bien recibida esta noche.

Después nos sentaremos en el suelo, en un rincón del dormitorio donde habremos dejado todo lo listado con anterioridad.

Encenderemos la vela negra con la intención de remover las energías para hacer más fino el velo. Después, con el carboncillo, dibujaremos en el pergamino el símbolo para el talismán de la luna.

Invocaremos a Hécate —diosa de los portales y los espacios liminales— y a Morfeo —señor de los sueños— mientras preparamos un hatillo con la tela violeta. En el hatillo pondremos las gemas, las plantas mágicas, la llave de hierro y el saquito de sal, y lo cerraremos.

Hécate, diosa de múltiples rostros,
de los umbrales y las puertas,
permíteme acceder a aquello velado
en el reino de los sueños.
Morfeo, señor de los sueños,
concédeme paso y guía,
para así entender
los mensajes recibidos.
Que así sea, así es, así será.
Gracias, gracias, gracias.

Debajo del colchón, en la zona de la cabeza, pondremos primero el sello y, encima, el hatillo violeta.

Apagaremos la vela con un apagavelas o entre los dedos humedecidos y, a oscuras, entraremos en la cama, como si accediéramos al sueño.

Respiraremos profundamente sintiendo cada parte de nuestro cuerpo, de pies a cabeza, haciéndolo pesado y dúctil. Después permitiremos que la respiración se relaje y acompase de forma natural y esperaremos el sueño.

Tras esta primera noche, puedes repetir el ritual antes de ir a dormir, con la infusión y la invocación ante la vela. No es necesario que retires el talismán ni el hatillo de debajo del colchón, a menos que te moleste al dormir —como en el cuento de la *Princesa y el guisante*—.

No repetiremos este ejercicio más de dos veces por semana. Cuando vayas adentrándote y adquiriendo práctica, dejarás de necesitarlo.

Recomendación: haz un diario de sueños, esto te ayudará a entender el hilo conductor de estos y de los mensajes recibidos, así como a identificar patrones, personajes y arquetipos.

Contra las pesadillas y visitas nocturnas

Puede que, si tu vida está en un momento especialmente estresante o tienes mucho trabajo, incluso si has empezado con el trabajo antes propuesto, recibas alguna visita nocturna.

Lo primero que has de saber es que es algo natural y documentado por especialistas. Si sientes que por la noche algo se acerca o aparece en tu habitación y no puedes moverte ni gritar, pero ves lo que te rodea, pese a lo terrorífico y angustioso de la situación, debes saber que no es peligroso.

Si te sucede, documéntalo. Escribe lo sucedido en tu diario con todo lujo de detalles. La mayoría de estos episodios contienen información valiosa.

También puede suceder que recibas visitas en la duermevela, que quieran entregarte algún mensaje, pero te asusten.

Para protegerte de cualquier energía malintencionada colgaremos un amuleto del cabecero de la cama. Necesitaremos una bolsita de tela blanca —mejor si la hemos cosido nosotras mismas mientras visualizamos su halo protector con cada puntada— en cuyo interior pondremos semillas de hinojo —que protege de agentes externos que pretendan dañarnos y, por ello, tradicionalmente se colgaba un saquito con semillas de hinojo del cuello de los niños menores de seis años—, 3 hojas de acebo —un arbusto sagrado, una de las plantas mágicas más utilizadas por los celtas—, 1 turmalina negra —que protege de la magia negra y, como he comentado con anterioridad, tiene la capacidad de provocar pesadillas, pero también de protegernos de ellas— y 3 de estas plantas protectoras: romero, salvia, ruda, artemisa, albahaca, enebro, canela o cardo. La elección debe ser tuya, aunque puedes utilizar el péndulo si dudas.

Encenderás una vela blanca y prepararás el saquito, llenándolo poco a poco y pensando en cada ingrediente —sirve con decir su nombre—.

Cuando tengas el saquito preparado recitarás:

Con magia antigua,
yo te alejo de mi descanso.
Que solo los bienintencionados
puedan relatar su historia.
Que así sea, así es, así será.

Dejaremos que la vela se consuma y, después, colgaremos el amuleto.

Hechizo protector

Hemos hablado anteriormente sobre cómo proteger nuestro hogar de influencias externas, pero en ocasiones necesitamos un amuleto que destierre esas influencias y vibraciones que nos intentan hacer daño. Para ello realizaremos este hechizo protector.

Necesitaremos una vela verde, un saquito de tela —como en el anterior, si la cosemos nosotras, multiplicamos su efectividad—, enebro para limpiar la negatividad, romero para proteger y menta para desterrar, 1 turmalina negra que absorberá la energía residual no deseada, 1 cucharadita de incienso y un quemador. Cinta blanca. Papel y lápiz.

Colocaremos la vela a la derecha y el quemador a la izquierda, con los ingredientes frente a nosotras. Encenderemos la vela, conjurando el favor de los espíritus de nuestro hogar, nuestros amigos feéricos y los guías. Prenderemos el incienso y, cuando empiece a ahumar, meteremos en el saquito las plantas y la turmalina. Escribiremos los nombres de todos los que vivimos en la casa, lo doblaremos tres veces y lo añadiremos al saquito. Cerraremos el saquito con tres vueltas de la cinta y lo pasaremos por el humo del incienso.

Yo os destierro, malas influencias.
Todo aquello que daña,
queda fuera de esta casa
y de nuestra vida.

Dejaremos que se consuma el incienso y la vela, y después, con el amanecer, colgaremos el amuleto en la esquina más alejada de la entrada, de la habitación más transitada de la casa.

LA MAGIA
DE LOS ÁRBOLES

Cuando plantamos árboles, plantamos
las semillas de la paz y de la esperanza.

WANGARI MAATHAI

Los árboles están presentes en los documentos sagrados de la antigüedad y no es de extrañar, dada su importancia para todos los primates, a los que desde tiempos inmemoriales han ofrecido protección y alimento. Sephiroth, Yggdrasil, Awatta, el Árbol del Bien y del Mal… De hecho, tanta es su importancia y poder que en algunos pueblos indígenas de Nueva Guinea y Centroamérica se crea un lazo espiritual entre los recién nacidos y un árbol. De este modo, se dice que el niño crece con la fuerza y el vigor del árbol, pero también que, si el árbol o el niño sufren algún daño, el otro recibirá el mismo dolor e incluso la muerte.

En las montañas Nilgiri, en la India, existen árboles con figuras terribles dibujadas en rojo y azul, y piedras rojas en su base. Estos están custodiados por los *mounispourams*, espíritus guardianes, a los que la gente deja sacrificios y ofrendas para solicitar su favor. A estos genios también se les pide la protección de los niños, ofreciendo un mechón de sus cabellos, aunque este padrinazgo solo dura los primeros siete años de vida.

Druidas y vikingos compartían la creencia de que un gran árbol, llamado Yggdrasil por los segundos, era un portal entre nuestro mundo y el espiritual, además de ser un símbolo de la sabiduría, de la vida y de la muerte, así como aquel que sostiene y forma el universo.

Los árboles y su energía son de gran importancia en estas culturas, como en la mayoría de las filosofías animistas.

La cultura celta sintetiza los saberes ancestrales provenientes de tracios, aqueos, etruscos, cananeos, hebreos, fenicios, egipcios, sumerios y babilonios. A través de ellos, cristalizó una sociedad que vivía según la observación de las estaciones, las plantas que florecían o daban fruto en ese momento, sus arquetipos y vibraciones, así como los cambios astrológicos y sucesos relevantes. Una cosmovisión enraizada a la naturaleza, una metafísica basada en los árboles.

El zodíaco lunar celta estaba configurado por la antigua secuencia del alfabeto irlandés. El Ogham es un calendario de 13 meses lunares de 28 días cada uno, representados por un árbol predominante. Además, existe un día extra, conocido como «el día sin nombre», representado por el muérdago; planta mágica por antonomasia para los celtas, puesto que protege de todo mal y se relaciona directamente con los dioses y la inmortalidad —colgar una rama de esta planta en la entrada de nuestro hogar evita que entren energías negativas, y de ahí viene la costumbre de regalarla en fechas navideñas—.

Los calendarios anteriores al cambio de patrones —de matriarcales a patriarcales, hará unos diez mil años—, eran de 13 meses, no de 12 —nuestro calendario fue establecido por los romanos—, pues era un número lunar por excelencia, con predominio de arquetipos femeninos.

Según este calendario, un árbol rige a cada persona según la fecha de su nacimiento:

* ★ 24 de diciembre al 20 de enero: Abedul.
* ★ 21 de enero al 17 de febrero: Serbal.
* ★ 18 de febrero al 17 de marzo: Fresno.
* ★ 18 de marzo al 14 de abril: Aliso.
* ★ 15 de abril al 12 de mayo: Sauce.
* ★ 13 de mayo al 09 de junio: Espino.
* ★ 10 de junio al 07 de julio: Roble.
* ★ 08 de julio al 04 de agosto: Acebo.
* ★ 05 de agosto al 01 de septiembre: Avellano.
* ★ 02 al 29 de septiembre: Vid.
* ★ 20 de septiembre al 27 de octubre: Hiedra.
* ★ 28 de octubre al 24 de noviembre: Caña.
* ★ 25 de noviembre al 22 de diciembre: Saúco.

En la cultura celta, cada fase lunar adquirió un nombre, una serie de propiedades —virtudes divinas— y un árbol protector. Información que podemos utilizar en nuestros hechizos y rituales, así como en la confección de nuestra varita o en los amuletos.

Árboles para los equinoccios:
* 23 de septiembre, equinoccio de otoño: Olivo.
* 21 de marzo, equinoccio de primavera: Roble.

Árboles para los solsticios:
* 24 de junio, solsticio de verano: Abedul.
* 22 de diciembre, solsticio de invierno: Haya.

Las vibraciones del año se distribuyen en una serie de árboles arquetípicos, con sus propiedades acordes a la estación y los astros.

Fecha	Árbol	Símbolo	Propiedades
23/12 al 01/01 25/06 al 04/07	**Manzano**	Amor	Carisma. Aventura. Sensibilidad. Imaginación.
02/01 al 11/01 05/07 al 14/07	**Abeto**	Misterio	Sofisticación. Dignidad. Ambición. Testarudez.
12/01 al 24/01 15/07 al 25/07	**Olmo**	Mentalidad noble	Rencor. Honestidad. Practicidad. Fidelidad.
25/01 al 02/02 26/07 al 04/08	**Ciprés**	Fidelidad	Fortaleza. Satisfacción. Optimismo. Materialismo.
04/02 al 08/02 01/05 al 14/05 05/08 al 13/08	**Álamo**	Incertidumbre	Seguridad. Soledad. Entusiasmo. Específico.

09/02 al 18/02 14/08 al 23/08	**Cedro**	Confianza	Adaptabilidad. Salud. Extroversión. Impaciencia.
10/02 al 28/02 24/08 al 02/09	**Pino**	Lo particular	Robustez. Confort. Voluble. Fiabilidad.
01/02 al 10/03 03/09 al 12/09	**Sauce Llorón**	Melancolía	Empatía. Sueños. Influenciable. Intuición.
11/03 al 20/03 13/09 al 22/09	**Limonero**	Duda	Paz. Ocio. Sacrificio. Lealtad.
21/03	**Roble**	Valentía	Independencia. Sensibilidad. Estabilidad. Poder.
22/02 al 31/02 24/09 al 03/10	**Avellano**	Extraordinario	Encanto. Comprensión. Positivismo. Popularidad.
01/04 al 10/04 04/10 al 13/10	**Rowan**	Sensibilidad	Alegría. Emoción. Vida. Arte.
11/04 al 20/04 14/10 al 23/10	**Arce**	Mente abierta	Imaginación. Originalidad. Timidez. Complejo.
21/04 al 30/04 24/10 al 11/11	**Nogal**	Pasión	Extrañeza. Agresividad. Inesperado. Estrategia.
15/05 al 24/05 12/11 al 21/11	**Castaño**	Honestidad	Humildad. Justicia. Diplomacia. Incomprensión.
25/05 al 03/06 22/11 al 01/12	**Fresno**	Ambición	Impulsividad. Exigencia. Ambición. Inteligencia.
04/06 al 13/06 02/12 al 11/12	**Carpe o Carpinus**	Buen gusto	Frescura. Bondad. Emotividad. Desconfianza.

14/06 al 23/06 12/12 al 21/12	**Higuera**	Ímpetu	Voluntad. Dependencia. Volátil. Sensualidad.
24/06	**Abedul**	Inspiración	Modestia. Natural. Calma. Satisfacción.
23/09	**Olivo**	Sabiduría	Calidez. Razón. Equilibrio. Tolerancia.
22/12	**Haya**	Creatividad	Apariencia. Organización. Liderazgo. Ahorro.

EL LENGUAJE
DE LOS ÁRBOLES

Si realmente amas la naturaleza,
encontrarás la belleza en todas partes.

VINCENT VAN GOGH

En su libro *La vida secreta de los árboles*, de 2015, el guardabosques retirado y divulgador Peter Wohlleben nos explica las relaciones que se generan en los bosques naturales, allí donde nosotros no somos capaces de ver. Los árboles, más allá de lo que podamos pensar, son seres que viven en compañía de sus iguales y se cuidan unos a otros. Por medio de señales químicas se avisan si una plaga o peligro se acerca para que el resto pueda reaccionar a tiempo y, si cortan a uno de sus compañeros, el resto sigue nutriéndolo bajo tierra —a través de las raíces y los enlaces con hongos simbióticos que los ligan unos a otros, siempre en contacto, como dándose las manos—, por lo que, tiempo después, podemos ver como ramas nuevas brotan de un tocón.

El mundo vegetal no es para nada un reino estático y sin emociones —como muchos han llegado a proclamar—, sino un universo regido por el compañerismo y la empatía.

El ser humano tiende a ignorar o a temer aquello que no entiende y, aquí, con un reino de seres tan antiguos que podrían narrarnos la historia de la humanidad, es lo que sucede: como no sabemos su lenguaje, pensamos que no hablan. Buda llegó a la iluminación bajo el árbol Bodhi, sentado bajo sus ramas, apoyado en su tronco y raíces, alcanzó una comunicación con el *todo* que no había logrado en ningún otro lugar. ¿Casualidad?

Lo primero que hemos de tener en cuenta es que los bosques, las montañas, los prados…, todos los lugares en que la naturaleza es dejada a su libre albedrío, sin manipulación por nuestra parte, son de los seres vivos y los espíritus que en ellos moran, por lo que hemos de ser respetuosos. Antes de entrar en un bosque, recoger alguna flor o rama, o sentarnos bajo la sombra de un árbol, hemos de pedir permiso y ser agradecidos, como si entráramos en casa de un amigo que nos invita a pasar el día.

Después hemos de pensar en cómo se comunican los árboles. Cuando queremos entrar en contacto con un espécimen en concreto, no deberíamos acercarnos de sopetón, como tampoco lo haríamos con una persona.

Como los árboles no tienen cara no sabemos dónde buscar un referente; sin embargo, recordemos que no se comunican por la vista, sino que tienen otras maneras de sentir su entorno. Nosotros no podemos recibir e interpretar sus señales químicas, pero sí aprender a percibir y comprender las energéticas.

Toda forma de vida está compuesta por cuerpos energéticos. El nuestro se divide en:

* Cuerpo físico, que es el que mejor conocemos.
* Cuerpo emocional o astral.
* Cuerpo mental.
* Cuerpo causal, el que alberga los recuerdos y experiencias del alma.
* Cuerpos espirituales, que conforman nuestra verdadera naturaleza y están conectados al todo universal.

Si unimos el cuerpo físico, el mental y los espirituales, damos con lo que llamamos «ego», que son aquellos patrones de pensamiento y conducta que nos caracterizan. Si unimos el causal y los espirituales, lo que hallamos es nuestro «yo superior»; es decir, la fuente de sabiduría interior, la intuición de la que tanto os hablo a lo largo del libro.

Cuando somos capaces de distinguir qué nos está dirigiendo, si el ego o el yo superior, es cuando somos capaces también de comunicarnos con la naturaleza, permitiendo que nuestra intuición tome las riendas y podamos percibir todo aquello que normalmente se nos escapa, a causa de la educación —prejuicios, falsas creencias, limitaciones— que hemos recibido desde niñas.

Un paseo por el bosque

Lo primero que haremos para entablar una «conversación» con un árbol será salir a pasear por el bosque. Pediremos permiso antes de entrar y respiraremos profundamente tres veces, teniendo en cuenta que nuestro estado de ánimo y pensamientos condicionarán la experiencia.

Haremos una meditación en movimiento. Estaremos presentes en cada paso, percibiendo nuestra respiración, la sensación térmica, el suelo bajo nuestros pies, los aromas del bosque...

Incluso cuando no hablamos en voz alta, nuestra mente nos dice cosas y nos organiza. Escuchémosla, ¿qué nos cuenta? ¿Hacia dónde quiere que vayamos? ¿Está recordándonos que no debemos mancharnos con el barro o que las ortigas pican?

Ahora respira profundamente, deja que la mente —el ego— hable y déjate llevar por lo que percibes más allá de tus sentidos ordinarios. ¿Puede que te encaminen hacia el lugar que evitaba tu mente o que encuentre otro sendero?

Es posible que entonces te encuentres en un lugar nuevo, frente a un árbol desconocido.

Contémplalo a distancia, pero no pensando si te parece bonito o no, sino obsérvalo más allá, trascendiendo lo puramente físico y estético: ¿qué ves? ¿Qué es lo que percibes?

Si sientes que te atrae, acércate con pausa, aun sintiendo cada paso y sonido, tu respiración y percepciones.

Háblale desde tu interior. Puedes saludarlo, pedirle permiso para acercarte y, mientras lo haces, ve aproximándote poco a poco mientras lo rodeas. Permítete dar más de una vuelta si es necesario, hasta que sientas cuál es el punto por el que debes conectar físicamente. Puede que percibas que en algunas zonas hay cierto rechazo y, de pronto, haya una especie de puerta energética, o incluso cierta calidez o vibración que te invita a reunirte con él.

Ahora sí, puedes sentarte; pero, antes de hacerlo, ¿qué es lo que te pide? Quizá has de sentarte de espaldas, apoyada en su tronco o, tal vez, es mejor mirarlo de frente. Sea como fuere, acabas de entablar una conversación con un árbol y ya puedes meditar bajo su protección.

Enraízate con la Madre Tierra

Muchos piensan en trascender, en canalizar la energía universal, y olvidan lo importante que es estar enraizado con la Tierra. Esta meditación sirve para eso, para echar raíces, crecer y alargar nuestras ramas hacia el cosmos.

Para ello buscaremos un remanso de paz en la naturaleza. Es muy importante que no nos interrumpan durante la meditación.

Nos sentaremos en forma de loto o semiloto, con la espalda recta. Si esta postura nos resulta incómoda, buscaremos el apoyo del árbol con el que hayamos contactado y estiraremos las piernas.

Tras las respiraciones y la relajación para calmar la mente, nos visualizaremos a nosotras mismas, sentadas en plena naturaleza, e imaginaremos cómo empiezan a crecernos raíces. Estas se internan en la tierra, bajan cada vez más hasta llegar al centro candente. Percibiremos el calor que sube por nuestras raíces, entrando por la base de nuestra espalda y borboteando hacia arriba.

Según suba la energía del centro de la tierra por nuestras raíces y nuestro sistema energético, percibiremos cómo nos crecen ramas. Estas se alargan hacia el cielo en busca de luz y vibración cósmica. Crecen y crecen hasta tocar las estrellas. Nos saldrán yemas, nos crecerán hojas y percibiremos el frío que entra por ellas y baja por todo nuestro cuerpo y nuestras raíces.

Sentiremos cómo la Tierra y el universo se retroalimentan a través nuestro, cómo nosotros nos fortalecemos gracias a ellos. Y lentamente floreceremos.

Tras este ejercicio, nos sentiremos volver al aquí y al ahora; a nuestra forma humana. Nuestros chakras estarán limpios y conectados con las fuentes.

Sentir la energía de un árbol

Una vez hemos establecido una relación con un árbol, podemos sentir su campo energético. Para ello, saludaremos a nuestro amigo y le pediremos permiso para acercarnos. Lo abrazaremos y observaremos qué sensaciones nos provoca, siempre con una respiración profunda y pausada.

Después, nos separaremos unos centímetros para colocar nuestras manos sobre el tronco. Cerraremos los ojos y, conscientes de lo que percibimos en las palmas de las manos, nos iremos alejando unos centímetros, alzando y bajando las manos. La sensación de contacto sutil con su cuerpo energético puede percibirse como calor, vibración y resistencia. Seguiremos caminando hacia atrás hasta que esa sensación desaparezca. Abriremos los ojos y veremos dónde nos encontramos. Hasta ahí llega su campo energético.

Como hemos comentado antes, todos los seres vivos tienen distintos campos energéticos. Si queremos percibirlos, volveremos a realizar el ejercicio anterior, pero en esta ocasión estaremos atentas a los cambios en las sensaciones, pues cada capa energética vibra y se percibe de forma distinta. Podemos detenernos en cada una de ellas y preguntarnos qué me hace pensar, imaginar, recordar o ver. Analizaremos las sensaciones y lo que nos provocan.

A continuación, nos sentaremos en contacto con nuestro amigo. Respiraremos profundamente y nos concentraremos en las sensaciones de nuestro cuerpo, en nuestras emociones y pensamientos.

Puede que la primera vez no sientas gran cosa —como todo en este mundo requiere práctica—; sin embargo, este ejercicio puede llegar a desbloquear recuerdos y conocimientos de nuestro yo superior e incluso podemos ver imágenes que el propio bosque quiera mostrarnos.

El carácter del bosque

Cada árbol tiene una forma de ser y de responder. Podemos resultar más afines con unos que con otros y hasta es posible que algunos puedan ayudarnos en problemas o conflictos que estemos atravesando.

A continuación os ofrezco un breve resumen de sus caracteres y personalidades, por mi experiencia y lo que me enseñaron mis maestras:

* El pino es pura vitalidad, un árbol que crece y sobrevive en terrenos secos, gracias a la luz, recordándonos que, por muy estancadas que nos sintamos, solo necesitamos buscar la claridad para seguir adelante.

* El nogal es un árbol que desprende energía estimulante, animándonos a respetar nuestros propios ritmos a la vez que desarrollamos la autonomía y la responsabilidad.

* El abeto es un árbol que se alza cuan largo pueda llegar a ser, uniendo tierra y cielo, por lo que su energía es fluida y representa un vínculo entre lo espiritual y lo material.

* El roble es fuerza y sabiduría, es el árbol divino de los druidas, la imagen de Yggdrasil. Nos permite alcanzar la mujer sabia que todas llevamos en nuestro interior.

* El abedul es dulce y amable, un remanso de paz que nos invita a deshacernos de cargas y a reconciliarnos con la vida y con nosotras mismas.

* El espino albar es adaptabilidad y posicionamiento, no es invasivo ni se deja invadir, nos ayuda a centrarnos y a encontrar nuestro lugar.

* El haya es un árbol sereno y fuerte, que nos permite entrar en contacto con la fuente de nuestro poder interior, restableciendo la autoconfianza.

Continúa esta lista, acércate a los árboles de tu zona y siéntelos, anota tus impresiones y lo que has visto o percibido en los ratos que pases con ellos. Te invito a que lleves una libreta en la que hagas un dibujo del árbol, pegues una de sus hojas, relates tus experiencias e incluso dejes fluir tu mano, dibujando aquello que el árbol te transmita. Si puedes llevar acuarelas, te sorprenderá lo que puede llegar a surgir de esa conexión.

EPÍLOGO:
LA BRUJA VERDE
EN TU INTERIOR

Sentarse a la sombra, en un hermoso día,
y mirar para arriba hacia las verdes colinas
exuberantes es el mejor descanso.

JANE AUSTEN

Si has llegado hasta aquí, te felicito. Tu viaje ya se ha iniciado y, con práctica y voluntad, la conexión con la Madre Tierra y el universo se hará cada día más fuerte en ti, llegando así a comunicarte con la esencia de la magia, que es la naturaleza.

Espero que este manual te sirva para ello y que tus pasos, con ayuda de tus nuevas aliadas vegetales y sus espíritus, te guíen hasta hacer realidad tus sueños.

Recuerda que eres tú quien construye tu realidad a través de todo aquello que dejas entrar en tu vida, con tus aspiraciones, pero también con tus miedos. Según el dramaturgo y poeta William Shakespeare: «Nuestros cuerpos son nuestros jardines, nuestras voluntades son nuestros jardineros».

Cuando te dedicas a tu pequeño huerto, tiendes una mano al amigo o familiar que te necesita o haces algo desinteresado por el mundo que te rodea, plantas una semilla que, en un futuro, puede convertirse en un bosque.

«Un simple acto de bondad echa raíces en todas direcciones, y de las raíces brotan nuevos árboles», dijo la pionera en aviación y escritora Amelia Earhart.

Regresa a este libro siempre que lo necesites y que tanto tu jardín como tu alma florezcan.

KEYLAH MISSEN

BIBLIOGRAFÍA

Si tienes un jardín y una biblioteca, tienes todo
lo que necesitas.

MARCO TULIO CICERÓN

En esta breve bibliografía he querido compartir aquellos títulos que he leído a lo largo de los años y que creo os pueden ser útiles a la hora de comprender mejor el mundo de la magia, en general, y de las plantas, en concreto.

La mayoría son ensayos de los que he disfrutado mucho y deseo que te sirvan de inspiración y abran las puertas de la curiosidad hacia nuevos misterios.

El Kylbalion, VVAA (Sirio).

Breve historia del mito, de Karen Armstrong (Siruela).

Enciclopedia de los símbolos, de U. Becker (Robin Book).

Mitología del mundo, de Roy Willis (Blume).

Mitología egipcia, de Max Müller (Brantes).

Leyendas de la antigua Mesopotamia, de Federico Lara Peinado (Temas de Hoy).

Magia y religión nórdicas, Javier Arries (Luciérnaga).

Diccionario de mitología griega y romana, de Pierre Grimal (Paidós).

El arte de la magia talismánica. Una selección de los trabajos de Rabí Salomón, Agrippa, F. Barrett (Editorial Humanitas).

Lenguajes y cábala, de Gershom Scholem (Siruela).

El gran libro de las velas y las candelas, de J. L. Caradeau (Robin Book).

El gran libro de las brujas, de Rafael M. Mérida (RBA).

Historia de la brujería, Francesc Cardona (Plutón Ediciones).

La Bruja. Un estudio de las supersticiones en la Edad Media, de Jules Michelet (Akal).

Diosas. Misterio de lo divino femenino, Joseph Cambell (Atalanta).

Brujas, guerreras y diosas, de Kate Hodges (Libros del Zorro Rojo).

Los demonios del mediodía, de Roger Caillois (Siruela).

El terror que acecha en la noche, de David J. Hufford (Reediciones Anómalas).

Poder del sueño, de Roger Caillois (Atalanta).

Nueva guía de los chakras, de Anodea Judith (Robin Book).

La vida secreta de los árboles, de Peter Wohlleben (Obelisco).

Las plantas mágicas según Paracelso, de Rodolfo Putz (Editorial Pons).

Plantas medicinales: El Dioscórides renovado, Pío Font Quer (Península).

Los aceites esenciales antiestrés, de Antonia Jover (RBA).

Salud de la Botica del Señor, de María Treben (Ennsthaler).

Hierbas para comer, beber y amar, de Javier Herreros Lamas (Txertoa).

Cómo curarse con los ungüentos, cremas, lociones y cataplasmas, de Olivier Laurent (Vecchi).